"Aconselhamento bíblico, alicerçado na autoridade e suficiência das Escrituras, é essencial à saúde da igreja. Este livro é uma introdução ao aconselhamento pastoral, admiravelmente proveitoso e cheio de sabedoria bíblica, tanto para os pastores novos quanto para os experientes. Todo pastor precisa deste livro."
R. Albert Mohler Jr., presidente e professor de teologia cristã, *The Southern Baptist Theological Seminary*

"Este livro é fiel a Deus, consciente e realista quanto às pessoas. É simples, prático e escrito com clareza. Todos enfrentamos lutas. Como você e sua igreja podem aprender a cuidar bem dos outros? Leia este livro com seriedade."
David Powlison (1949–2019), foi diretor executivo, *Christian Counseling and Educational Foundation*

"Este é um livro sobre como pastores devem ouvir os membros de suas igrejas e falar com eles; um livro sobre como devemos amar. É bastante prático, agradável e bíblico. Talvez devamos torná-lo leitura obrigatória para todos os novos presbíteros."
Mark Dever, pastor, *Capitol Hill Baptist Church*, Washington, DC; Presidente, Ministério 9 Marcas

"Este livro demonstra a pastores ocupados que a obra de aconselhamento é não somente exigida, mas também possível. Se você está sobrecarregado com esta tarefa crítica, Pierre e Reju o guiarão através da confusão. Suas convicções profundas sobre a Escritura têm sido provadas no crisol do ministério pastoral. Fico entusiasmado por você aprender deles nestas páginas."

Heath Lambert, diretor executivo, *Association of Certified Biblical Counselors*, professor associado de Aconselhamento Bíblico, *The Southern Baptist Theological Seminary*

"*A melhor cartilha* para aconselhamento pastoral que já li – e já li muitas. Sinceramente, este livro é equivalente a dois excelentes seminários sobre aconselhamento pastoral. Leia-o, aplique-o e fique equipado para o ministério pessoal da Palavra de Deus."

Robert W. Kellemen, vice-presidente, *Institutuital Developmente*; Diretor, *Biblical Counseling Department, Crossroads Bible College*

"Uma preciosidade sobre o privilégio e a necessidade de pastorear o povo de Deus, este livro, escrito de forma agradável, está repleto de perspectivas, orientações e discernimentos valiosos sobre como amar bem os outros em seu tempo de necessidade. Eu o recomendo sem reservas."

Robert K. Cheong, pastor de cuidado, *Sojourn Community Church*, Louisville

"Uma abordagem equilibrada tanto da teoria quanto da metodologia em um mesmo volume, este livro será um grande recurso para o atarefado pastor que deseja realizar aconselhamento bíblico, mas não sabe onde começar. O anseio de alguém pela verdade e por ajuda prática será satisfeito, e o medo de aconselhados e seus problemas será diminuído."

Rod Mays, professor adjunto de aconselhamento, *Reformed Theological Seminary*; pastor, *Mitchell Road Presbyterian Church*, Greenville

"Uma das coisas mais importantes e talvez mais desgastantes que os pastores fazem é o aconselhamento. Este livro oferece aos pastores uma estrutura básica para abordarem os problemas e sofrimentos de pessoas que eles têm o privilégio de pastorear."

Justin S. Holcomb, sacerdote episcopal; professor de Pensamento Cristão, *Gordon-Conwell Theological Seminary*

"Pastorear é um trabalho árduo, um trabalho de amor que exige conhecimento teológico e o amor de Jesus por pessoas que estão sofrendo ou desorientadas. Este é o melhor livro de princípios elementares disponível, mostrando aos pastores a sabedoria que achamos apenas na Bíblia e apresentando métodos e procedimentos básicos para o ministério pessoal."

Sam R. Williams, professor de aconselhamento, *Southeastern Baptist Theological Seminary*

"Pierre e Reju indicam fielmente aos pastores as boas novas de Jesus Cristo como o meio e o alvo de mudança no aconselhamento. Gostaria de ter lido este livro quando estava começando o ministério. Eu teria sido aliviado de muitos temores referentes ao aconselhamento e melhor preparado para pastorear minha congregação. Este livro permanecerá no topo da lista para nossos estagiários lerem quanto ao aconselhamento pastoral."

Phil A. Newton, pastor,
South Woods Baptist Church, Memphis

"Qualquer coisa que não entendemos é mais amedrontadora do que precisa ser. Este livro faz um excelente trabalho em sintetizar o processo de aconselhamento, identificando armadilhas e oferecendo procedimentos intuitivos. Ele o orientará quanto ao seu papel no processo, para que seus temores não o afastem de cuidar do povo de Deus."

Brad Hambrick, pastor de aconselhamento,
The Summit Church, Durham

"Um livro sobre aconselhamento no qual o ponto de partida é a Palavra de Deus e o objetivo é um entendimento mais profundo do evangelho, este livro está cheio de discernimento bíblico prático que pode ser aplicado imediatamente. Você se verá recorrendo a ele constantemente em seu trabalho de aconselhamento."

Robby Gallaty, pastor,
Brainerd Baptist Church, Chattanooga

"Pierre e Reju estão oferecendo a pastores de todos os lugares um livro muito necessário sobre aconselhamento bíblico. Este livro demolirá os muros da ansiedade que pastores sentem quando aconselham seus congregados de uma maneira digna do evangelho."

Dave Furman, pastor, *Redeemer Church of Dubai*

"Este livro é uma grande ajuda para pastores que procuram cumprir seu papel de pastoreio por meio de aconselharem pessoas feridas. Passo a passo, a abordagem discute várias questões que os conselheiros enfrentam e oferece conselho prático para cada etapa no contexto de desenvolvermos uma cultura de discipulado na igreja."

Richard P. Belcher Jr., professor de Antigo Testamento e deão acadêmico, *Reformed Theological Seminary*, Charlotte

"Um assunto complexo como aconselhamento pastoral é bem favorecido por um guia sucinto, útil e bíblico como *O Pastor e o Aconselhamento*. Pierre e Reju resumem habilmente os aspectos mais importantes do cuidado da alma. Recomendo entusiasticamente este livro a qualquer pastor como um fomentador ou como um revigorante."

Stuart W. Scott, professor associado de Aconselhamento Bíblico, *The Southern Baptist Theological Seminary*

"O que mais um pastor poderia desejar do que um manual que lhe oferece ajuda prática e compreensível a respeito de pastorear o rebanho? Proporcionando esperança e ajuda a pastores no desempenho de sua vocação dada por Deus, este livro é uma leitura indispensável."

Thomas Zempel, pastor de cuidado e ministério, *Colonial Baptist Church*, Cary; professor de aconselhamento, *Sheperds Seminary*

"Este é um dos primeiros livros que todo pastor de um rebanho local deveria possuir. Ele é, ao mesmo tempo, reverentemente centrado em Cristo e prático. Passo a passo, os autores mostram como pastores podem assistir pessoas feridas, dando-lhes ajuda e esperança."

Chris Brown, *The Red Brick Church*, Stillman Valley

O PASTOR E O ACONSELHAMENTO

UM GUIA BÁSICO PARA PASTOREIO DE MEMBROS EM NECESSIDADE

JEREMY PIERRE & DEEPAK REJU
APRESENTAÇÃO PR. GILSON SANTOS

P622p Pierre, Jeremy, 1979-
 O pastor e o aconselhamento : um guia básico para o pastoreio de membros em necessidade / Jeremy Pierre e Deepak Reju ; [traduzido por Francisco Wellington Ferreira]. – São José dos Campos, SP : Fiel, 2015.
 200 p. ; 21cm.
 Tradução de: The pastor and counseling.
 Inclui índice.
 ISBN 978-85-8132-286-5

 1. Aconselhamento pastoral. I. Reju, Deepak, 1969-. II. Título .

CDD: 253.5

Catalogação na publicação: Mariana C. de Melo – CRB07/6477

O Pastor e o Aconselhamento: Um Guia Básico para o Pastoreio de Membros em Necessidade
Traduzido do original em inglês
The Pastor and Counseling: The basics of shpherding members in need por Jeremy Peierre & Deepak Reju
© 2015 by Jeremy Pierre & Deepak Reju

∎

Publicado por Crossway Books, um ministério de publicações de Good News Publishers
1300 Crescent Street Wheaton,
Illinois 60187, USA.

Copyright © 2015 Editora Fiel
Primeira Edição em Português: 2015

Todos os direitos em língua portuguesa reservados por Editora Fiel da Missão Evangélica Literária
PROIBIDA A REPRODUÇÃO DESTE LIVRO POR QUAISQUER MEIOS, SEM A PERMISSÃO ESCRITA DOS EDITORES, SALVO EM BREVES CITAÇÕES, COM INDICAÇÃO DA FONTE.

∎

Diretor: Tiago J. Santos Filho
Editor: Tiago J. Santos Filho
Editor-chefe: Vinicius Musselman
Editor: Tiago J. Santos Filho
Coordenação Gráfica: Gisele Lemes
Tradução: Francisco Wellington Ferreira
Revisão: Gilson Carlos de Souza Santos
Diagramação: Rubner Durais
Capa: Rubner Durais
ISBN: 978-85-8132-286-5

Caixa Postal 1601
CEP: 12230-971
São José dos Campos, SP
PABX: (12) 3919-9999
www.editorafiel.com.br

Aos pastores
que levam muitos problemas
que não são seus

À honra daquele
que levou um mundo de problemas
que não eram seus

SUMÁRIO

Apresentação da Edição em Português 13
Prefácio 21
Introdução: o pastor e a manhã de quarta-feira 23

PARTE UM – CONCEITO

1 – Labutando por seu povo 35
2 – Onde começamos? 51
3 – Seu método: como você faz aconselhamento? 67

PARTE DOIS – PROCESSO

4 – O encontro inicial 77
5 – Trabalhando por mudança 95
6 – O encontro final 119

PARTE TRÊS – CONTEXTO

7 – Nunca trabalhe sozinho: rumo a uma cultura de discipulado .. 137
8 – Trabalhando com sabedoria: utilizando recursos externos 157

Epílogo: um trabalho de amor 171

Apêndice A – **Lista de verificação para o processo de aconselhamento** 173

Apêndice B – **O que é aconselhamento cristão?** 177

Apêndice C – **Formulário de informações pessoais** 179

Apêndice D – **Método simples para tomar notas e organizar informações** 191

Agradecimentos 197

APRESENTAÇÃO DA EDIÇÃO EM PORTUGUÊS

POR GILSON SANTOS[1]

O nosso vocábulo poimênica originou-se no grego *poimen*, cujo significado é pastor. Em termos amplos, poimênica tem a ver com o trabalho pastoral de um modo geral. Enquanto disciplina, tem como objeto de estudo o agir do pastor, integra o vasto campo da Teologia Prática (que é uma das grandes áreas da formação teológica) e abrange o estudo ou a aplicação da Teologia Pastoral. O termo poimênica remonta às tradições mais

---

1 *Gilson Carlos de Souza Santos* possui bacharelado em Teologia, formação em Psicologia, e licenciaturas em História e Geografia. Cursa atualmente uma especialização em Avaliação Psicológica Clínica. Exerce atividades pastorais desde 1987 e docentes desde 1988. Por décadas tem integrado diversas instituições religiosas e assistenciais e participado da organização de algumas delas. Preside desde 1999 o corpo pastoral da *Igreja Batista da Graça* em São José dos Campos, São Paulo. Integra o conselho administrativo do *Seminário Martin Bucer* no Brasil, no qual leciona especialmente disciplinas na área pastoral, inclusive aconselhamento. www.gilsonsantos.com

antigas na história da Igreja, quando se tentava definir o papel do pastor em relação à sua comunidade. Nesta tradição, o termo pastor (*poimen*) remonta ao próprio Jesus Cristo que se autocompreendeu como o bom pastor que zela pelas suas ovelhas (João 10).

Em termos mais específicos, tradicional e sinteticamente, *Poimênica* tem sido identificada como a doutrina do cuidado pastoral em seu propósito de "cura das almas". Em língua inglesa os escritos poimênicos costumam utilizar a expressão *Soul Care*, que pode ser literalmente traduzida como "cuidado da alma". No idioma alemão se impôs o conceito *Seelsorge*, tanto no contexto acadêmico quanto no geral, seja no meio eclesiástico quanto fora dele. Novamente, se vertermos literalmente para o português este termo composto, então teremos: *Seele* (alma) e *Sorge* (cuidado, preocupação). Imediatamente se observa que o conceito aponta para o "zelo pela alma de alguém".

A poimênica pode incluir várias funções em diversas maneiras e situações; particularmente aquelas do aconselhamento pastoral, o qual costuma ser visto como uma dimensão especializada do cuidado pastoral (*pastoral care*). Por este ministério, o pastor procura ministrar o cuidado e a ajuda através da conversação e outras formas de comunicação metodologicamente refletidas.

Alguém que assume um papel de conselheiro necessitará ser pautado por sobriedade e moderação, bem como frear os impulsos de presumida onisciência ou inteira clarividência. O texto bíblico enfatiza a reivindicação divina: "Meu é o conselho e a verdadeira sabedoria" (Pv 8.14). Jó concluiu que "com Deus está a sabedoria e a força; ele tem conselho e entendimento" (Jó 12.13), e o profeta Isaías expressa que Deus é "maravilhoso em conselho" (Is 28.19). É conhecido o provérbio bíblico que "quando não há conselhos os planos se dispersam, mas havendo muitos conselheiros eles se firmam" (Pv 15.22). Este provérbio parece acautelar tanto para a ausência de conselho, quanto para a necessidade de não se presumir todo o discernimento em dimensões individualistas. "Na multidão de conselhos há segurança" (Pv 11.14), é o que se evoca nesta mesma direção. O aconselhamento pastoral é, portanto, lugar de reconhecimento da própria finitude, e de buscar e confiar na *"profundidade da riqueza, da sabedoria e do conhecimento de Deus. Quão insondáveis são os seus juízos, e quão inescrutáveis os seus caminhos!"* (Rm 11.33).

A atitude poimênica descrita no original grego do texto bíblico como *paraklesis* (2Co 1.3-4; At 13.15; 1Ts 5.11) é a expressão prática do chamado para estar ao lado. Na esfera pastoral, o cuidado é termo essencial ao exercício poimênico em geral e ao aconselhamento pastoral em particular. Poimênica é o ato de refletir e de exercer o cuidado pastoral, e uma ética do cuidado deve se expressar em compaixão ativa em direção ao sofrimento do ser humano, o qual foi criado à imagem e semelhança de Deus e encontra-se acometido pela trágica realidade da Queda.

Na teologia bíblica o sentido de cuidado se deriva de uma fonte primária, a saber, o próprio Deus. Ele é descrito como o principal "cuidador". A retratação mais gráfica que se tem de seu cuidado está na analogia entre pastor e rebanho (Sl 23.1-4; Ez 34.16; Zc 10.3; Lc 15.3-6 e Jo 10), conquanto haja também outras descrições de características mais amplas e universais de seu cuidado (Dt 11.12; Jó 7.17).

No Antigo Testamento, ao retratar o desenvolvimento humano saudável, a sabedoria jobina diz a Deus: "O teu cuidado a mim guardou" (Jó 10.12). Em um contexto agrícola e pastoral, o provérbio recomenda: "Procura conhecer o estado das tuas ovelhas e cuida dos teus rebanhos" (Pv 27.23). Em o Novo Testamento, o vocábulo radical (Gr. *melo*) ganha descrição vívida nos lábios do "bom samaritano", quando este diz ao hospedeiro acerca do homem ferido e moribundo: "Cuida deste homem" (Lc 10.35); quando Cristo adverte acerca do "pastor" assalariado: "O mercenário foge, porque é mercenário e não tem cuidado com as ovelhas" (Jo 10.13); e quando o apóstolo Pedro relembra aos seus leitores ansiosos acerca do cuidado de Deus (1Pe 5.7).

Tanto no original hebraico quanto no grego, o grupo de palavras utilizadas para descrever o ato de cuidar pode ser subdividido em dois subgrupos, denotando dois níveis em que o cuidado se expressa. O primeiro descreve condições subjetivas do cuidador. Exemplos: "por o coração", "por a mente", "a alma" (Jó 7.17, Hb. *leb*); "considerar", "estimar", "valorizar" (Sl 40.17, Hb. *chashab*); "sentir", "pensar", "preocupar-se com" (Fp 4.10, Gr. *phroneo*). O segundo nível, mais frequente no relato bíblico, tem conotação claramente objetiva, com materialidade em ações de natureza prática. Exemplos: "tomar conta", "comparecer", "visitar", "prestar atenção", "buscar", "passar em revista" (Zc 10.3, Hb. *pa-*

qad); "inspeção", "supervisão" (Jó 10.12, com raiz no Hb. *paqad*); "por", "colocar [a mão sobre]" (Pv 27.23, Hb. *shiyth*); "aquecer", "manter quente" (Ef 5.29, Gr. *thalpo*); "prover para alguém", "prever", "perceber de antemão" (1Tm 5.8, Gr. *pronoeo*).

A ética do cuidado pastoral remete para um chamado específico, que por sua vez remete para um exercício mais amplo e inerente à vocação divina para o ser humano. Cuidar é tarefa embutida no mandato cultural, a saber, o mandamento positivo para cuidar da criação e desenvolver o pleno potencial dela. Na teologia bíblica, cuidar é um imperativo mesmo no estado prelapsário. Parece mesmo refletir a imagem e semelhança de Deus.

Neste livro, Jeremy Pierre e Deepak Reju oferecem balizada contribuição ao cuidado pastoral, concedendo-nos "Um Guia Básico para o Pastoreio de Membros em Necessidade". Os autores propõem que "os pastores devem pensar no aconselhamento não primariamente como uma tentativa de corrigir problemas, mas como uma tentativa de reorientar a adoração, das coisas criadas para o Criador, por meio do evangelho de Jesus Cristo". E acrescentam que, tendo isto em vista, o conselheiro há de averiguar as combinações humanas de uma "vida sem o governo de Deus". "Nosso alvo abrangente é construir infraestrutura espiritual na vida de pessoas, e não somente estancar vazamentos". Assim, Pierre e Reju insistem que o "aconselhamento desenvolve frequentemente o discernimento de uma pessoa quanto ao seu próprio coração, ajudando-a a ser mais consciente de por que pensa, sente ou age de certas maneiras".

Tive o privilégio de ler os originais em inglês deste livro em um trajeto de trem no norte da Itália. Ao me defrontar com a proposta dos autores, antes mesmo dela ter sido publicada em língua inglesa, entendi que este livro, desenvolvido pelos autores com singeleza e humildade em forma de "cartilha", poderia ser bastante útil aos pastores evangélicos no vasto mundo de língua portuguesa, bem como aos evangélicos em geral com real interesse no ministério de aconselhamento.

O livro chega-nos como mais uma contribuição do *Ministério 9 Marcas*. Há alguns anos tive o privilégio de participar de eventos na *Capitol Hill Baptist Church*, em Washington, D.C, influente igreja entre os Batistas do Sul dos Estados Unidos, cuja sede está a poucas quadras do capitólio estadunidense. Ali, onde o Dr. Deepak Reju coordena o ministério de aconselhamento, pude testemunhar alguns dos princípios deste livro ganhando a sua expressão prática. O Dr. Jeremy Pierre atua em Louisville, Kentucky, exercendo atividades no *Southern Baptist Seminary* (Seminário Batista do Sul) e no ministério de Cuidado Pastoral em uma igreja batista na cidade. Os dois autores obtiveram o seu doutorado (Ph.D.) no *Southern Baptist Theological Seminary*, são legatários do movimento de *Aconselhamento Bíblico* nos Estados Unidos da América, e estão alinhados com as melhores expressões de maturação deste movimento. Ambos integram a *Biblical Counseling Coalition* (BCC, Coalizão em Aconselhamento Bíblico), instituição fundada em 2011 e na qual o Dr. Reju integra o corpo de diretores e o Dr. Pierre o corpo de conselheiros membros.

Queira o bom Senhor utilizar amplamente este livro para o bem de sua igreja. Ele mesmo recomenda aos presbíteros: *"Atendei por vós e por todo o rebanho sobre o qual o Espírito Santo vos constituiu bispos, para pastoreardes a igreja de Deus, a qual ele comprou com o seu próprio sangue"* (At 20.28).

São José dos Campos, SP, 20 de abril de 2015.

PREFÁCIO

A série de livros 9 *Marcas* se alicerça em duas ideias básicas. Primeiramente, que a igreja local é mais importante para a vida cristão do que muitos cristãos contemporâneos talvez imaginem. Nós, do ministério 9 *Marcas*, cremos que um cristão saudável é um membro de igreja saudável.

Em segundo, igrejas locais crescem em vida e vitalidade à medida que organizam sua vida ao redor da Palavra de Deus. Deus fala. As igrejas devem ouvir e seguir. É simples assim. Quando uma igreja ouve e segue, começa a se parecer com aquele a quem está seguindo. Reflete o amor e a santidade de Cristo e manifesta a sua glória. Uma igreja se parece com Cristo à medida que o ouve. Por meio deste indicativo, o leitor pode observar que todas as 9 *marcas*, apresentadas no livro *Nove Marcas de Uma Igreja Saudável*[1], de Mark Dever, começam com a Bíblia:

- Pregação expositiva
- Teologia bíblica
- Um entendimento bíblico do evangelho
- Um entendimento bíblico da conversão
- Um entendimento bíblico da evangelização
- Um entendimento bíblico da membresia de igreja
- Um entendimento bíblico da disciplina eclesiástica
- Um entendimento bíblico de discipulado e crescimento
- Um entendimento bíblico de liderança eclesiástica

Poderíamos dizer mais sobre o que as igrejas deveriam fazer para serem saudáveis, como orar. Mas acreditamos que estas nove práticas são as mais ignoradas hoje (diferentemente da oração). Por isso, nossa mensagem básica às igrejas é: não olhem para as melhores práticas ou os melhores estilos; olhem para Deus. Comecem por ouvir novamente a Palavra de Deus.

A partir deste projeto geral, surge a série de livros *9 Marcas*. Estes livros tencionam examinar as nove marcas mais de perto e de ângulos diferentes. Alguns visam aos pastores. Outros, aos membros de igrejas. Esperamos que todos eles combinem exame bíblico cuidadoso, reflexão teológica, consideração cultural, aplicação coletiva e um pouco de exortação individual. Os melhores livros cristãos são sempre teológicos e práticos.

A nossa oração é que Deus use este livro e os outros para preparar sua noiva, a igreja, com brilho e esplendor, para o dia da sua vinda.

---

1 Publicado em português pela Editora Fiel

INTRODUÇÃO

O PASTOR E A MANHÃ DE QUARTA-FEIRA

Na terça-feira à tarde, você está em guerra com sua caixa de mensagens quando sua secretária o chama pelo telefone. Uma senhora, membro da igreja, está querendo falar com você; e é um problema. Com uma oração rápida que mais parece um suspiro, você pega o telefone e entra numa conversa de meia hora que o confunde e, com certeza, confunde também a sua interlocutora. Quando você termina a ligação, sua mente está zunindo com pensamentos sobre o que fazer com esta revelação inesperada de quão más as coisas estão entre ela e seu marido. A primeira coisa que você fará no dia seguinte é reunir-se com eles a fim de lidarem com isto. Como você começa a se preparar para a manhã de quarta-feira?

Pastores e líderes leigos são familiarizados com chamadas telefônicas como esta. Talvez bastante familiarizados. Depressão resistente, tristeza profunda diante da prática de adultério, ira violenta, falta de comunicação crônica, lutas com a culpa por adição à pornografia, transtornos alimentares de evitação fóbica a calorias, câncer recorrente, atração secreta por pessoa do mesmo sexo, ideações suicidas – e essa é a lista curta. A vida num mundo caído é cheia de miséria. Para alguns, a vida está submergida na miséria. Isso se aplica tanto a pessoas no contexto da igreja quanto fora dele.

Esta é a razão por que você é um pastor. Deus o chamou para pastorear suas ovelhas, e essas ovelhas estão frequentemente machucadas e confusas ou são obstinadas. Mas nem sempre é claro como você deve cuidar delas, especialmente nas situações mais complexas que as oprimem. Você pode ou não pensar em si mesmo como um pastor conselheiro, mas o fato incontestável é que você foi chamado a trabalhar em favor de seu povo nestes problemas inquietantes. E este é um trabalho que vale a pena.

Oferecemos esta cartilha porque em nosso tipo de trabalho recebemos, frequentemente, chamadas telefônicas de pastores que precisam de ajuda para lidarem cuidadosamente com situações difíceis em suas igrejas.

> Em quinze minutos, estarei conversando com um casal que está pensando em se divorciar. Eis o que penso fazer...

> Um jovem de nossa igreja admitiu recentemente para mim que sentia atração por pessoas do mesmo sexo. Preciso ajudá-lo, mas não sei o que dizer...

> Alguns pais de minha igreja me disseram nestes dias que sua filha é anoréxica. Há algum lugar que posso indicar para eles?

A maioria dos pastores conta com pouco tempo e está sobrecarregada de muitas outras responsabilidades. Acrescente a isto alguns fatos comuns que afligem o trabalho de um pastor:

- A maioria dos alunos de seminário faz apenas uma ou duas matérias de aconselhamento em seu programa de graduação. Eles geralmente subestimam quanto aconselhamento farão quando chegarem ao seu primeiro pastorado.
- A maioria dos pastores entra no pastorado para ensinar e pregar, não para aconselhar. Eles aconselham porque isso é uma parte esperada do seu trabalho, não porque se vejam animados a fazê-lo.
- Tanto igrejas grandes como pequenas têm pessoas que tornaram as suas vidas caóticas. Igrejas pequenas, especialmente as de áreas rurais, têm geralmente poucos recursos em sua comunidade aos quais podem recorrer para obter ajuda. Um pastor e uma igreja são às vezes os únicos recursos disponíveis.
- Os membros de igreja esperam que seu pastor os ajude em suas lutas. Afinal de contas, os membros custeiam o salário do pastor. Eles esperam que o pastor lhes dê seu tempo – muitas vezes, bastante do seu tempo.

Podem até supor que o pastor tem acesso imediato à resposta da Bíblia para os problemas da vida.

- Ovelhas fracas tendem a consumir grande quantidade da agenda do pastor, com seus problemas, exigências e, às vezes, egoísmo geral. Frequentemente, isto vem acompanhado de pouca gratidão a Deus pelo cuidado amoroso oferecido pelo pastor e pela igreja.
- A maioria dos membros de igreja deixa seus problemas ficarem piores do que precisam antes de vencerem o orgulho e procurarem ajuda. Eles são iludidos por pensamentos como "não quero que o pastor pense mediocremente de mim" ou "posso tratar sozinho deste problema" e tentam lidar sozinhos com suas dificuldades. Se tivessem procurado ajuda antes, essa atitude teria poupado a todos de muito suor e lágrimas.

O que um pastor deve fazer com tudo isto? Talvez ele tenha muito pouco treinamento em aconselhamento. Pode ter ovelhas fracas que exigem imensamente de seu tempo. Pode haver pouca ajuda relacional preciosa a que se possa recorrer numa igreja não saudável. Isso não parece muito promissor, parece?

Querido pastor, podemos ajudá-lo?

Queremos ajudá-lo por lhe oferecer uma estrutura básica para abordar os problemas de seu povo. Talvez você não tenha muito tempo. Talvez seja receoso de prejudicar alguém de forma duradoura. Pode simplesmente não querer lidar com a questão. Portanto, o que você precisa é tanto uma lembrança de que o evangelho de Jesus Cristo é poderoso nestas situações quanto alguma orientação prática para ministrar à luz desse poder.

Eis o que gostaríamos de abordar neste livro. Na parte 1, constituída dos três primeiros capítulos, abordamos *o conceito* de aconselhamento. No capítulo 1, apresentamos uma visão quanto ao que significa trabalhar em favor de seu povo. Nosso argumento é simples: pastores pastoreiam. Os pastores lidam com a tarefa de fazer discípulos, e discipulado incluirá frequentemente aconselhar pessoas em situações diferentes. Este fato não deve inquietá-lo nem desanimá-lo. Também não precisa necessariamente empolgá-lo, mas deve fazê-lo ver que o cuidado de pessoas atribuladas é parte do privilégio de amar a Jesus. Apascente as ovelhas de Jesus. No capítulo 2, nós o ajudamos a saber como se preparar para o aconselhamento — como ele começa, quem o começa e como arranjar as coisas para conduzi-lo tão suavemente quanto possível. O capítulo 3 apresenta o método básico de aconselhamento. Em outras palavras, explicamos uma técnica útil para explorar um problema de uma pessoa e ter algo redentor a transmitir a ela. Discutimos os tipos de perguntas que devem ser feitas, as áreas pertinentes da vida de uma pessoa que precisam de exploração e como você responde de maneiras biblicamente proveitosas.

A segunda parte, constituída dos capítulos 4 a 6, considera o *processo* de aconselhamento desde o encontro inicial até à devolutiva final. Oferecemos sugestões quanto a reconhecer a dinâmica do coração, entender problemas teológicos e empregar estratégias redentoras para mudança. Desejamos que estes capítulos o ajudem a responder à pergunta "como é o processo de cuidar desta pessoa?"

A terceira e última parte, constituída dos capítulos 7 e 8, explica *o contexto* do aconselhamento. O aconselhamento pastoral acontece tanto dentro da comunidade da igreja quanto numa comunidade de recursos fora da igreja. O capítulo 7 trata da realidade de que você, pastor, não pode trabalhar sozinho. Não lhe é possível fazer tudo e continuar, você mesmo, sadio. Por isso, nós o ajudaremos a pensar no que significa desenvolver uma cultura de discipulado em sua igreja que suplemente e enriqueça qualquer aconselhamento que ocorra. O que significa desenvolver uma cultura em que os membros ajudam uns aos outros a crescerem na fé? Depois, o capítulo 8 olha para fora da comunidade a fim de verificar quais conselheiros, profissionais e os outros recursos que estão disponíveis. É sempre sábio encaminhar pessoas a alguém de fora da igreja? Se você fizer isso, como pode ter confiança de que um profissional específico ajudará e não prejudicará algum membro de sua igreja? E se você não puder achar um conselheiro cristão em sua comunidade, mas somente os que trabalham com base numa perspectiva naturalista? As perguntas são abundantes.

Finalizamos o livro com vários materiais práticos, desde uma definição simples de aconselhamento bíblico até um método de tomar notas. Esses materiais têm o propósito de que você os use, e esperamos que lhe sejam úteis nesta tarefa tão nobre.

O verdadeiro poder no aconselhamento – Jesus Cristo

Honestamente, ninguém espera que este livro mude seu mundo. Nosso alvo não é capacitá-lo a lidar com qualquer coisa que surja em seu caminho. Pelo contrário, o alvo é dar-lhe confiança no fato de que no evangelho você dispõe das categorias de que necessita para lidar com problemas de seu povo. Sua confiança não está em alguma técnica superdesenvolvida de aconselhamento, mas em Jesus Cristo.

Confiança verdadeira está arraigada no poder das boas-novas de Jesus Cristo que transformam a vida. Afinal de contas, Jesus é o modelo de como os seres humanos funcionam melhor. E ele veio a um mundo disfuncional como substituto para seres humanos disfuncionais como nós. O pecado nos aliena de Deus. Aliena tudo de Deus. Esta é a razão por que sofremos e a razão por que pecamos. Mas Jesus reconciliou o que estava alienado por fazer o pagamento do pecado mediante a sua morte. E agora Jesus vive ressurreto, transformando pessoas para viverem de acordo com sua justiça, de acordo com um relacionamento restaurado com Deus. É Deus, por meio de seu Filho glorioso, que muda pessoas. Ora, essa é a razão por que temos confiança.

Nós, seres humanos, somos criados para manifestar o caráter de Deus no que pensamos, no que desejamos e na forma como agimos. Quando surge no coração humano um pensamento obstinado, um desejo lascivo ou uma intenção egoísta, esse coração está falhando em manifestar o caráter de seu Criador, que é paciente, puro e generoso para com os outros. Em resumo, tudo que há dentro e fora de uma pessoa foi planejado para glorificar a Deus.

O coração de Jesus foi o único que manifestou perfeitamente o caráter de Deus – porque ele mesmo é Deus, mas também humano, como nós. Portanto, ele é adequado para ser nosso representante, nosso exemplo, nosso resgatador (Hb 4.14-16). Para aconselhar, devemos ter em mente os seguintes fatos:

- Jesus Cristo é *o meio de mudança*. Crer no evangelho de Cristo muda as reações de nosso coração. Toda sabedoria teórica e todo conselho prático, ministrados no aconselhamento, devem promover, muito essencialmente, um relacionamento com Jesus Cristo pela fé.
- Jesus Cristo é *o alvo de mudança*. Manifestar o caráter de Cristo é o modelo de maturidade pelo qual labutamos. As circunstâncias talvez não mudem, os problemas talvez não desapareçam por meio de aconselhamento, mas Deus promete o poder que precisamos para reagir de maneiras que refletem a obediência confiante de seu Filho.

O aconselhamento, em sua forma simples, é uma pessoa procurando andar ao lado de outra que perdeu seu caminho. Programas de formação profissional ou acadêmica podem ser muito proveitosos para aprimorar habilidades. Mas, se você não os teve, pode aconselhar se adotar sinceramente a Palavra de Deus como o instrumento que mostra às pessoas suas maiores necessidades e suas maiores esperanças.

Este labor é digno de seu tempo, pastor. Nossa esperança é equipá-lo com as ferramentas básicas para começar. A estrutura que apresentamos aqui expressa a nossa tentativa de sermos ousados em usar a verdade evangélica para lidar com os problemas não resolvidos de nosso povo. Francamente, seria muito mais fácil eliminar todos eles com instruções generalizadas procedentes do púlpito ou recomendar às pessoas que procurem ajuda de fora. Mas é um labor que vale a pena a um pastor que almeja ministrar cuidado habilidoso ao seu povo.

PARTE UM

CONCEITO

CAPÍTULO UM

LABUTANDO POR SEU POVO

Pastores de ovelhas não exalam bom cheiro. Pelo menos bons pastores não exalam bom cheiro. Um bom pastor se identifica com ovelhas fedorentas, e o cheiro se apega a ele.

Os pastores fedem não somente porque têm cheiro como o de ovelhas. Fedem porque têm cheiro como o de suor. E sangue, também. Como trabalhadores comuns, a face dos pastores está estriada, e suas costas estão curvadas. Como soldados, sua face está fatigada, e seus braços estão marcados por cicatrizes. Como ambos, eles se sentem frequentemente esgotados e supridos aquém do que seria apropriado. E têm aceitado o fato de que esse tipo de trabalho exige muito. Você nunca conhecerá um bom pastor que não esteja fatigado pelo fim da tarde.

Da mesma maneira, você nunca conhecerá um bom pastor que tem uma atitude relaxada para com sua obra. Ele não reclama do trabalho árduo que é exigido para cuidar dos obstinados e dos machucados, enquanto também alimenta e protege todos os demais. Certamente, todo pastor tem dias em que é tentado a olhar para o céu e perguntar: "Por que os problemas constantes destas pessoas?" Mas ele acha fé para aceitar que sua obra é árdua. Deus a fez desta maneira para esvaziar o pastor de si mesmo, para que ele seja cheio do poder de Cristo.

Ministério público, problemas pessoais

Nunca ouvimos a afirmação explícita de que o ministério é fácil. Mas temos visto muitos pastores tentando arranjar as coisas para que o ministério seja fácil. Também já vimos muito homens entrarem no pastorado tendo em vista um ministério de púlpito. O que eles tencionam com o *ministério de púlpito* é serem pagos para pregar e ensinar, com talvez uma visita pastoral de vez em quando. Sabem que o ministério pessoal e o aconselhamento são importantes; por isso, em geral eles planejam fazer o orçamento da igreja aumentar por meio de suas admiráveis habilidades de púlpito e, depois, contratam um pastor auxiliar para fazer tudo mais.

Não queremos parecer insensíveis à realidade. Antes éramos jovens que tinham visões de guiar um povo leal ao grande desconhecido por meio de exposição eloquente e de aplicação penetrante, ao poder da Palavra irradiando do púlpito como luz resplandecente numa cultura tenebrosa. Maridos pegariam a mão da esposa durante nossos sermões e se arrependeriam com lágrimas amargas. De vez em quando, viciados decidiriam nunca mais satisfazer os vícios. Pessoas desesperadas sairiam de sua perplexidade ao som de nossa voz. Nosso ministério de pregação seria tão poderoso que tornaria desnecessário o ministério de aconselhamento. Ou pelo menos quase desnecessário. Certamente, de vez em quando haveria alguém enfermo espiritualmente, mas a igreja seria saudável por causa do ministério de pregação.

No entanto, duas coisas nos impedem de persistir neste sonho: a experiência e a Bíblia. A experiência é um professor exigente. Ela nos mostra imediatamente que começamos como pregadores miseráveis. E, mesmo quando nos tornamos menos miseráveis, descobrimos que pregação aprimorada não está necessariamente correlacionada com menos problemas na vida de nosso povo. De fato, pense em seu pregador favorito e você verá uma igreja com um orçamento maior, mas não com menos problemas na vida de seus membros. A experiência não permite que tenhamos a ilusão de que a pregação é tudo que existe no ministério.

Sendo bastante claros, a pregação é o ministério da Palavra central e vital na missão da igreja. É um dos propósitos primários do ajuntamento do corpo; é também fundamental para qualquer ministério pessoal que realizamos. Portanto, não entenda mal a nossa intenção aqui. Não estamos questionando a primazia do ministério de pregação. Estamos apenas salientando que ele não é a única circunstância em que o ministério da Palavra acontece na vida da igreja.

A experiência sozinha não seria uma mestra suficiente para estabelecer este fato. Examinar o que a Bíblia diz, a fim de aprender o que constitui o pastoreio, é melhor do que simplesmente aprender do que não funciona no mundo real.

Ministério pessoal na Bíblia

Os olhos de Pedro estavam provavelmente cansados quando o sol começava a se levantar para aquecer a terra. Talvez ele tenha examinado de perto a face de Jesus após a ressurreição, enquanto comiam o desjejum em silêncio; e todos os discípulos estavam tímidos para perguntar se era realmente ele. Estavam esperando que Jesus começasse a conversa.

"Simão, filho de João, amas-me mais do que estes outros?"

Você sabe a história. Três vezes Jesus perguntou a Pedro se ele o amava realmente. À terceira vez, Pedro se entristeceu pelo fato de que Jesus parecia pouco convencido de suas respostas afirmativas. Mas, em cada vez, Jesus estava instruindo Pedro em como demonstrar amor genuíno por ele: "Apascenta as minhas ovelhas" (Jo 21.15-19). Amar a Jesus envolve cuidar daqueles que são dele. E cuidar daqueles que pertencem a Jesus envolverá morte. No caso de Pedro, envolveu morte literal. Jesus predisse com que "gênero de morte Pedro havia de glorificar a Deus" (v. 19).

O ministério é sofrimento

Embora reconheçamos que a chamada de Pedro como apóstolo foi única para ele, também entendemos que o caminho de seguir Jesus em guiar sua igreja incluirá tanto o labor em alimentar as ovelhas quanto o sofrimento às mãos de outros.

Muitos anos depois, o amadurecido Pedro faria esta conexão com muita clareza:

> Rogo, pois, aos presbíteros que há entre vós, eu, presbítero como eles, e testemunha dos sofrimentos de Cristo, e ainda coparticipante da glória que há de ser revelada: pastoreai o rebanho de Deus que há entre vós, não por constrangimento, mas espontaneamente, como Deus quer; nem por sórdida ganância, mas de boa vontade; nem como dominadores dos que vos foram confiados, antes, tornando-vos modelos do rebanho. Ora, logo que o Supremo Pastor se manifestar, recebereis a imarcescível coroa da glória (1Pe 5.1-4).

A autoridade de Pedro como apóstolo se devia, em parte, ao seu testemunho dos sofrimentos de Cristo. Ele se focalizou no sofrimento de Cristo porque o sofrimento era necessário à glória que há de ser revelada. Este é um dos principais temas da carta de Pedro (1Pe 1.6-7, 11; 2.21-25; 3.13-17, 18-22; 4.1, 7, 12-19). Um dia, Pedro teria parte nesta glória; o mesmo acontecerá a todo pastor que pastoreia o rebanho de Deus, até à vinda de Cristo.

No entanto, até chegarem lá, os pastores sofrerão. Por que Pedro tinha de instruir seus leitores a assumir esta tarefa espontaneamente, de boa vontade, e não por constrangimento? Não assumimos naturalmente tarefas que não nos trazem nenhum benefício ("nem por sórdida ganância") ou que não podem garantir que faremos do nosso jeito ("nem como dominadores dos que vos foram confiados"). Naturalmente não queremos ser modelos de fidelidade no sofrimento. Mas as palavras de Jesus dirigidas a Pedro naquela manhã, na praia, talvez ecoaram na mente do apóstolo quando ele escreveu esta exortação aos seus colegas pastores. "Pastoreai o rebanho de Deus" é muito parecido com "Apascenta as minhas ovelhas".

Pedro viu Jesus subindo ao céu e fez todo esforço possível para contemplá-lo em benefício de seu povo. Ele sabia que Jesus assomou ao seu lugar no céu para ser o Supremo Pastor, aquele que é supremamente responsável por cuidar de cada ovelha. Este é realmente um labor que vale a pena.

O ministério é pessoal

Até aqui, mostramos apenas que as Escrituras indicam que pastorear o rebanho de Deus envolve labor e sofrimento. Ainda não mostramos que a labuta não está apenas na proclamação pública, mas também no ministério pessoal. Para fazer isso, consideremos Paulo como um exemplo fundamental de um homem que labutou em proclamação pública, enquanto também se engajou no labor de ministério pessoal.

Paulo foi um luzeiro público de pregação do evangelho e foi chamado por Deus para sofrer nesta obra (At 9.15-16). Ele proclamou o evangelho abertamente nas sinagogas, e isso lhe trouxe ameaças de morte (9.20-25). Paulo proclamou as boas-novas publicamente em Chipre (13.4), Antioquia (13.14), Icônio (14.1) e várias cidades da Licaônia. A maior parte do ministério de Paulo foi a proclamação pública do evangelho.

No entanto, se concluíssemos neste ponto, ignoraríamos partes significativas do ministério de Paulo. Suas cartas dirigidas às igrejas revelavam o coração de um homem que havia labutado por longas horas em cuidar do povo de Deus. De fato, Paulo se referiu ao seu sofrimento e labuta em meio às pessoas como as credenciais que provavam sua chamada da parte de Deus, em oposição àqueles que usavam o deslumbre desta vida para credenciar sua chamada. Paulo sofreu açoites, apedrejamentos e naufrágios a fim de trabalhar pessoalmente em favor do povo de Deus (2Co 11.23-30). Ele falou de seu próprio ministério como resultante de um desejo intenso por aqueles que estavam sob seu cuidado, um desejo tão intenso que ele, Silvano e Timóteo, estavam prontos para oferecer-lhes "não somente o evangelho de Deus, mas, igualmente, a própria vida; por isso que vos tornastes muito amados de nós" (1Ts 2.8). Ele suportou "labor e fadiga", trabalhando para obter seu próprio sustento, a fim de não ser um fardo para eles, de modo que pudesse dizer: "Como pai a seus filhos, a cada um de vós, exortamos, consolamos e admoestamos, para viverdes por modo digno de Deus, que vos chama para o seu reino e glória" (2.11-12). Aqui está um homem que trabalhou em meio ao povo de Deus para o bem deles.

O ministério de Paulo não era apenas de púlpito. Seu cuidado pelos outros não terminava com a participação deles em seu ministério público, o que é uma tentação para todos os pastores. Pastores, se entendermos o nosso trabalho primariamente em termos de influência pública, perderemos o ânimo para o ministério pessoal. Às vezes, nos inquietamos mais com o pensamento de pessoas deixarem nossa igreja do que com o pensamento de estarem feridas. Mas o coração de Paulo não era assim, nem o coração daquele que Paulo seguia.

O restante do Novo Testamento expõe a natureza do ministério pastoral. Três de seus ensinos serão úteis em nossa consideração da tarefa de aconselhamento. O ministério pessoal envolve (1) identificar-se com a fraqueza e pecado das pessoas, (2) falar com Deus em favor das pessoas e (3) falar com as pessoas em favor de Deus.

O labor pastoral envolve identificar-se com a fraqueza e pecado das pessoas. Condescendência. Em geral, usamos esta palavra de maneira negativa, porque ela transmite a ideia de que uma pessoa acha que é superior a outras, mas se resigna a descer ao nível delas para interagir com elas. Mas a palavra *condescendência* é perfeitamente apropriada à associação de Jesus com pecadores, visto que ele *existe* num plano acima de nós. Ele existia em gozo e satisfação perfeitos com o Pai, Deus de todos, glorioso e magnificente, servido por anjos resplandecentes do céu, sem qualquer obrigação para com pessoas terrenas, ímpias e infelizes por causa do pecado. Todavia, o único ser em todo o universo que deveria ser servido por todos se tornou, em vez disso, servo de todos. Ele levou em conta os interesses dos outros (Fp 2.4) por não insistir e não permanecer na glória prazerosa do céu que era sua possessão divina (2.6). Em vez disso, ele nos serviu por se identificar com nossas aflições (2.7), especialmente com nosso maior problema: a morte (2.8). A morte é um problema que jamais poderíamos resolver. Precisávamos da ajuda de outro. E Aquele que nos ajudou também nos instruiu a seguir seu exemplo: "Tende em vós o mesmo sentimento que houve também em Cristo Jesus" (2.5).

A morte de nós mesmos para o bem de outros exige envolver-nos nas aflições deles. Jesus se colocou na posição necessária para simpatizar com pessoas fracas: "Porque não temos sumo sacerdote que não possa compadecer-se das nossas fraquezas; antes, foi ele tentado em todas as coisas, à nossa semelhança, mas sem pecado" (Hb 4.15). Jesus pode compadecer-se de nós porque se expôs a si mesmo à experiência real de tentação (v. 15b). Ele entrou como um participante no perigo de um mundo amaldiçoado pelo pecado e pode, agora, lidar gentilmente com os fracos e errantes, visto que entende a fraqueza deles (5.2). Aquele que podia existir por toda a eternidade sem jamais experimentar dor ou sofrimento entrou numa realidade em que foi caracterizado por ambos. Ele foi "homem de dores e que sabe o que é padecer" (Is 53.3).

E este mesmo fato se aplica aos pastores que servem ao rebanho de Deus. Jesus se coloca nas águas turvas de fraquezas, desvios e sofrimento de seu povo e convoca os pastores a se unirem a ele ali. Os pastores que querem segui-lo têm de passar dificultosamente por águas desconhecidas. A superfície suja os impede de saber quão profundas são as águas, e o odor os adverte de algo desagradável abaixo da superfície. Mas eles confiam naquele que os chama a segui-lo.

Pastor, você é liberto para imitar este padrão para o bem de seu povo. Todo pastor é um servo de Jesus, e um servo não é maior do que seu senhor (Jo 13.16). Você é chamado a assumir o risco e a dificuldade dos problemas das pessoas. Como Jesus, você ajuda pessoas que, em um sentido, não têm nenhum direito de exigir ajuda de sua parte. Se o Supremo Pastor ficou cansado e foi um homem de dores, o mesmo deve acontecer com aqueles que o seguem nesta tarefa. Isto não significa necessariamente que você se tornará o principal conselheiro de sua igreja, mas certamente significa que precisa aprender as habilidades necessárias para servir ao seu povo nos problemas deles.

O labor pastoral envolve falar com Deus em favor das pessoas. Os pastores devem ser zelosos e constantes em oração. Há pelo menos duas vantagens na oração que flui da associação íntima com as pessoas em seus problemas.

Primeiramente, cuidar pessoalmente de seu povo tornará suas orações mais fervorosas. Um pastor que trabalha de maneira leviana entre seu povo trabalha frequentemente da mesma maneira diante de Deus. Um pastor que agoniza com seu povo também agonizará em suas orações em favor deles. Quando pastores se movem do ministério pessoal para tarefas quase exclusivamente públicas e administrativas, podem facilmente perder de vista as profundas necessidades em seu meio, e isso terá um efeito paralisante em suas orações. Jesus nos ensinou a orar ao Pai com desespero pelo reino (Mt 6.7-13). E levar os fardos de seu povo impelirá você à oração desesperada.

Quando um pastor testemunha os efeitos miseráveis da ira em um lar, ou quando senta diante de uma viúva desanimada que está se sentindo como alguém que já deveria ter superado sua tristeza depois de dois anos, ou quando se coloca ao lado de um adolescente que está convencido de que é o pior pervertido no mundo, ou quando conversa com um homem que chegou ao limite de tolerância em seu casamento – de repente, a sua urgente necessidade de sabedoria se torna mais evidente. Testemunhar o desespero que o pecado e seus efeitos causam na vida das pessoas trará um desespero santo às orações de um pastor. A miséria do mundo é frequentemente o que impele as orações do povo de Deus. E pastores não devem se esquivar desta impulsão.

Em segundo, cuidar pessoalmente de seu povo tornará suas orações mais dependentes. Nada parece mais fútil do que falar com uma pessoa deprimida no auge de sua prostração ou com uma moça anoréxica no ápice de sua autoapreciação não realista. Uma das melhores maneiras para sentir a incapacidade de mudar qualquer coisa é dar conselhos a vítimas ou perpetradores de abuso, a pessoas que têm atitudes obstinadas ou mente confusa, àqueles que o desprezam e a Bíblia que você abriu. Ficar ao lado de pessoas em circunstâncias impossíveis será para o pastor um lembrete constante de sua necessidade pelo Deus do impossível.

O labor pastoral envolve falar com as pessoas em favor de Deus. O labor pastoral – incluindo o ministério pessoal – está também associado intimamente com proclamação. É labuta sincera para proclamar Cristo a pessoas. Outra vez, Paulo é o nosso exemplo pastoral: "O qual nós anunciamos, advertindo a todo homem e ensinando a todo homem em toda a sabedoria, a fim de que apresentemos todo homem perfeito em

Cristo; para isso é que eu também me afadigo, esforçando-me o mais possível, segundo a sua eficácia que opera eficientemente em mim" (Cl 1.28-29).

Em nossa labuta pastoral, Cristo é a mensagem, e a semelhança com Cristo é o alvo. Queremos que aqueles que estão sob nosso cuidado sejam conformados com Cristo, e isso acontece quando a fé atua por meio de amor. Portanto, o alvo de um pastor em sua obra é evocar a fé em Cristo por meio da proclamação da mensagem do evangelho. Isto é verdadeiro tanto na proclamação pública quanto na proclamação pessoal da Palavra. A fé reestrutura as funções do coração, para que a pessoa antes motivada pelo desejo pecaminoso, pensamento entenebrecido e lealdades terrenas seja agora motivada por um desejo justo, pensamento iluminado e lealdades celestiais sempre crescentes. E a única maneira pela qual a fé surge no coração é por meio de os ouvidos ouvirem a mensagem proclamada: "E, assim, a fé vem pela pregação, e a pregação, pela palavra de Cristo" (Rm 10.17).

O labor pastoral exige falar com as pessoas em favor de Deus, em Cristo. Paulo era tão comprometido com o crescimento dos crentes em Cristo, que, se estes falhassem em perseverar na fé, o apóstolo disse que seu labor seria em vão (Fp 2.6; ver também Gl 4.11). Paulo não estava dizendo que Deus se agrada somente de ministério que resulta em frutos de pessoas que perseveram na fé; pelo contrário, ele estava enfatizando que estabelecer a fé era o alvo central de todos os seus labores.

Proclamar a Cristo exige que os pastores vão até aos lugares sombrios na vida das pessoas – àqueles problemas desconcertantes que são mais fáceis de ignorarmos do que de lidarmos com eles. Podem ser casamentos que estão dando sinais de fragmentação, padrões alarmantes na vida de um adolescente, a desunião entre dois antigos membros da igreja, as dúvidas contagiantes de um dos integrantes da equipe de trabalho da igreja, a volatilidade mental de um rapaz. Não importando qual seja a complexidade dos problemas das pessoas, você sempre pode fazer a si mesmo esta pergunta orientadora: qual é o papel da fé em Cristo no problema desta pessoa?

Jesus precisa ser proclamado naqueles lugares sombrios. E o pastor não deve ter medo de ir a esses lugares. É verdade que muitas das questões que o confrontarão no ministério pessoal estão além de sua experiência e de sua capacidade para lidar de maneira adequada. Mas tenha em mente duas coisas.

Primeira, assim como acontece a tudo mais na vida, sua habilidade para chegar a lugares sombrios é desenvolvida somente *pela prática*. Um pastor crescerá em suas habilidades somente quando assumir humildemente a tarefa de cuidar de pessoas. Certamente, ele cometerá muitos erros ao longo do caminho – desde supor que entende muito do assunto até ao fracasso de falar autoritariamente motivado pelo temor da resposta das pessoas. Mas erros são uma parte necessária do aprimoramento. A chave para minimizar os danos é a humildade. Sirva às pessoas com a Palavra e reconheça os limites de sua perspectiva. O modo como você serve às pessoas é o que consideraremos nos capítulos seguintes. Nosso principal argumento aqui é que o medo do fracasso não deve impedi-lo de chegar aos lugares sombrios.

Tenha certeza de que você crescerá ao longo da jornada. Você perceberá as sutilezas das dinâmicas interpessoais, avaliando problemas, levando uma pessoa a reconhecer padrões de pensamento ou de desejo e processando situações de maneiras biblicamente proveitosas. Como uma árvore de madeira de lei, seu crescimento será, em sua maior parte, imperceptível quando estiver acontecendo. Mas, quando você olhar para os meses e anos passados, o crescimento será inegável.

Segunda e mais importante, sua confiança para acessar os lugares sombrios não está, primeiramente, em você mesmo, mas em Cristo. Lembre a passagem que abriu nossa discussão; o alvo do ministério é Cristo. Porém, há mais: *o meio* de ministrar também é Cristo. "Para isso é que eu também me afadigo, esforçando-me o mais possível, segundo a sua eficácia que opera eficientemente em mim" (Cl 1.29). A fonte da energia de Paulo era Cristo, e o suprimento dessa energia era poderoso. Este é o fundamento de nossa confiança e a única razão por que ousamos entrar nas águas sombrias do problema humano.

Por último, a sua confiança não está em seu conjunto de habilidades, não importando quão desenvolvidas sejam. Em vez disso, sua confiança está no poder do evangelho de Jesus Cristo, por meio da proclamação de sua Palavra. O que se aplica ao púlpito também se aplica à sala de aconselhamento. Em um sentido, era mais fácil ser dependente do Espírito em nossos primeiros dias de pregação, visto que éramos muito conscientes de nossa fraqueza. Quando nossa habilidade cresce, tanto em exegética quanto em homilética, esquecemos mais facilmente nossa dependência do Senhor para falar por meio de sua Palavra. Mas qualquer senso de incapacidade em aconselhar não deve ser a razão para evitá-lo. Em vez disso, você deve manter-se dependente de Deus para fazer o que somente ele pode fazer.

Portanto, pastor, não há nenhuma necessidade de temer o desconhecido. Se você tem disposto o seu ministério pastoral de forma a evitar missões regulares aos lugares ásperos e rochosos da vida das pessoas, não está pastoreando como Jesus. A face encardida e suada de um pastor é apenas um reflexo daquela face ensanguentada que todos amamos.

CAPÍTULO DOIS

ONDE COMEÇAMOS?

"Preciso de ajuda" é a admissão da ovelha que frequentemente dá origem ao processo de aconselhamento pastoral. O pastor, estando de pé na porta de trás, depois do culto matinal de domingo, sabe instintivamente que o tom suave significa algo. Toda confissão quieta pode levar a uma enorme variedade de questões, de simples a complexas; e o pastor cessa a conversa enquanto faz uma consideração mental a respeito do que fazer. "O que está errado? O que devo fazer para ajudar? Onde posso começar?"

Alvos iniciais
Quando começamos a descrever o processo de aconselhamento, é útil conservar em mente alguns alvos abrangentes.

Lembrar estes alvos durante todo o processo também impede o pastor de se desviar e de perder a direção. Usando a metáfora de um edifício, estes alvos são como as plantas da construção que mostram o que precisa ser realizado. Há três alvos simples em oferecer aconselhamento pastoral.

Abordar o problema atual

Primeiramente, e talvez o mais óbvio, queremos abordar o problema. Aconselhamento é, por natureza, orientado por demandas. Como todos os outros ministérios, é centrado em Cristo e norteado pela Palavra, mas o aconselhamento se realiza tipicamente como uma resposta a alguma área de problema. Os ministérios regulares da Palavra são como postos de gasolina e centros de troca de óleo – abastecem e mantêm nosso veículo. Mas, quando o veículo quebra, você o leva à oficina. Assim também os cristãos que se beneficiam do ministério da Palavra a cada semana não visitam costumeiramente o escritório do pastor, até que algo esteja errado em sua vida.

Os pastores conseguem ajudar pessoas em conflitos a reagirem com sabedoria aos seus problemas: a ira precisa de controle (Ef 4.26); a tristeza precisa de consolo (2Co 1); temores precisam de descanso (Sl 56.3-4). Casais que têm dívidas precisam de alvos orçamentários e restrições financeiras; adolescentes que infligem danos a si mesmos precisam de estratégias comportamentais para pararem; profissionais viciados em comprimidos para dores precisam de cuidado médico. Os pastores têm de lidar com estes problemas de forma prática. Pessoas precisam de conselho prudente para as lutas da vida real.

No entanto, estratégias práticas não são, por si mesmas, suficientes. O aconselhamento que é verdadeiramente cristão terá muito mais: a pessoa e a obra de Cristo serão o seu centro teológico e prático. Cristo e seu evangelho têm de ser a base, o meio e o fim de nosso aconselhamento. Se perto do final de seu tempo com o aconselhado você não o ajudou a olhar mais para Cristo, o que você fez não foi aconselhamento cristão.

Mostrar a importância do evangelho

Em segundo, queremos que a pessoa veja a importância do evangelho. Pessoas vivem de modo justo somente quando são tornadas justas por meio de Cristo. Seus valores mais profundos, seus anseios secretos e seu entendimento do mundo, quando não estão alinhados com os de Deus, resultarão em frustração e disfunção contínuas. A perspectiva delas quanto ao problema será, talvez, completamente terrena.

Mas o evangelho é importante porque reestrutura todo problema terreno com uma perspectiva eterna. A Palavra de Deus expõe o coração de maneiras que nada mais pode fazê-lo, trazendo à luz, com precisão, o que não é saudável (Hb 4.12-13), para que o que está fora de ordem seja corrigido (12.12-14). A fé é o meio pelo qual uma pessoa recebe a justiça de Cristo, para que a qualidade e o caráter do coração da pessoa sejam transformados (Rm 1.16-17; 6.22-23). Mesmo quando a fé na palavra de Cristo é difícil, uma pessoa sempre achará Cristo mais do que digno de confiança para sua vida (Mc 9.24).

Precisamos confiar no evangelho desta maneira em toda a nossa vida. O evangelho é sempre relevante, e um de seus alvos como conselheiro é tornar este fato tão evidente quanto possível. Você faz isto por expor as mentiras de autodependência que todos dizemos para nós mesmos: "Posso resolver isto sozinho". "Talvez esse negócio de evangelho seja relevante na igreja, mas não fará diferença real na área de minha vida em que mais preciso dele." "Se Cristo me amasse, faria esse problema desaparecer." "Isto é muito difícil. Desisto, não me importo mais com isto."

O pastor deveria atirar uma granada no meio desses pensamentos. Ele deve insistir em que problemas na vida são ocasiões para que pessoas atribuladas ouçam a voz chamadora de Cristo, não insistindo em suas próprias soluções, nem desistindo com desesperança. Nenhuma destas coisas produzirá a grande confiança evangélica que Deus deseja que exista no coração de seus amados.

Ajudar pessoas a crescerem na semelhança de Cristo

Em terceiro, e mais importante, queremos ajudar pessoas a crescerem para se tornarem cada vez mais semelhantes a Cristo (Ef 4.22-24; 5.1). Os seres humanos foram criados à imagem de Deus. Quanto mais somos conformados à imagem de Cristo, tanto mais refletimos o ideal de Deus para a vida humana (Rm 8.29-30). À medida que uma pessoa é santificada, ela se despe das ocupações prejudiciais à alma e se veste das que têm como alvo a semelhança com Cristo. Lembre: Cristo é tanto o meio como o alvo do aconselhamento.

Compreendemos que este terceiro alvo pode, a princípio, não parecer muito proveitoso para alguém que esteja nas angústias da depressão ou tentando se recuperar da morte de um filho. Seu desafio como pastor é mostrar aos outros, de maneiras convincentes, por que este alvo – uma vida conformada a Cristo – é muito melhor do que o desejo imediato por felicidade ou alívio do sofrimento. Embora trabalhemos, certamente, para que o deprimido tenha o espírito aliviado e o aflito ache consolo, não paramos aí. Queremos que eles vejam as glórias de buscarem e de se tornarem mais semelhantes a Cristo. Tanto para crentes quanto para não crentes, um conselho de um pastor é simples: ser semelhante a Cristo é viver em plenitude.

Honestamente, isto torna a eficiência do aconselhamento mais difícil de ser avaliada. Como você pode medir precisamente a conformidade com Cristo? É claro que há indicadores nos desejos e comportamentos mudados, em padrões de comportamento diferentes e interesses santificados. No entanto, isso não é como pintar uma cerca de madeira, na qual você pode ver a cor de seu progresso e saber exatamente quanto ainda falta para pintar. A principal confiança do pastor é que, se uma pessoa pertence a Cristo, Deus está comprometido com a tarefa de renovar tal pessoa. Esta era a razão que o apóstolo tinha para continuar seus labores: "Estou plenamente certo de que aquele que começou boa obra em vós há de completá-la até ao Dia de Cristo Jesus" (Fp 1.6). Esta é a nossa razão também.

O ALERTA INICIAL

Agora que os alvos estão definidos, consideremos como o aconselhamento é normalmente iniciado. Nem todas as situações começam da mesma maneira. O aconselhamento começa com a pessoa inquieta procurando ajuda, mas pode também ser iniciado por um amigo interessado ou pelo próprio pastor abordando diretamente alguém que parece estar precisando de ajuda.

O aconselhamento iniciado pela própria pessoa

O aconselhamento iniciado pela própria pessoa é geralmente a maneira mais natural de desencadear o processo. Quando uma pessoa procura um pastor para receber aconselhamento, isso acontece geralmente porque ela está ciente de sua necessidade de ajuda. A pessoa hesitante procura o pastor diretamente – um telefonema na terça-feira de manhã, uma mensagem ou um e-mail sigiloso, uma conversa na surdina à porta traseira da igreja. Independentemente de qual seja o assunto, essas conversas podem ser resumidas nas palavras "Eu preciso de ajuda".

Depois de iniciada a conversa, o pastor pode examinar por que a pessoa necessita de ajuda. Consideraremos isto melhor no capítulo seguinte. Agora, é suficiente dizer que um pastor deve elogiar qualquer pessoa que toma a iniciativa de procurar ajuda. Ainda que depois você descubra que o problema que ela está apresentando tem pouca relação com o problema real, você pode apreciar a humildade, dada por Deus, que a pessoa está demonstrando em reconhecer sua necessidade de ajuda.

No aconselhamento iniciado pela própria pessoa, uma ovelha clamou ao seu pastor em busca de ajuda. E o pastor deve mostrar alegria e prontidão para cuidar desta ovelha ferida (1Pe 5.2).

O aconselhamento iniciado por um amigo
Outras situações de aconselhamento são iniciadas por amigos ou pessoas queridas. Um líder de um pequeno grupo alerta você quanto a um problema na vida de um membro da igreja; um colega de quarto se aproxima de você e o aborda quanto a hábitos esquisitos de outra pessoa; um pai vem até você em busca de ajuda para lidar com um adolescente rebelde. Em nossa experiência, o exemplo mais frequente de aconselhamento iniciado por um amigo é o da esposa que procura ajuda para seu marido. Este é um grande exemplo a ser considerado, visto que mostra tanto a vantagem quanto as potenciais desvantagens de iniciar o aconselhamento por instrumentalidade de outra pessoa.

O Novo Testamento expressa uma visão positiva quanto a membros de igreja cuidarem da vida uns dos outros (Gl 6.1-2; Hb 3.12-13; Tg 5.19-20), incluindo o tornar pastores cientes das necessidades de seu povo para que os pastoreiem melhor. Por definição, está correto uma esposa procurar o pastor se está interessada no estado espiritual de seu marido.

No entanto, as potenciais desvantagem exigem cautela da parte do conselheiro. Primeiramente, uma esposa interessada pode lidar com a situação baseada numa perspectiva distorcida ou limitada. Esta esposa talvez tenha contribuído para o problema em áreas em que ele ou ela não conseguem ver. Por isso, o pastor deve estar ciente de que uma esposa interessada também precisará de ajuda para ter uma perspectiva bíblica. Mas até perspectivas parcialmente distorcidas não invalidam o interesse da esposa. Provérbios 18.17 diz:

> O que começa o pleito parece justo,
> até que vem o outro e o examina.

Esta porção de sabedoria lembra ao pastor que, ao se aproximar do parceiro mencionado, ele terá a tarefa de primeiramente muito ouvir. O pastor deve iniciar uma exploração genuína com a esposa em questão e não deve emitir conclusões antecipadas.

Em segundo, a pessoa abordada será talvez menos aberta a conselho do que se tivesse sido ela mesma quem houvesse motivado a conversa. O fato de que ela não veio em busca de ajuda pode sugerir que não está pronta ou disposta a ser ajudada, e qualquer intrusão do pastor, baseada na sugestão de uma terceira pessoa, somente tornará as coisas piores. Portanto, muito frequentemente o melhor conselho ao amigo é que ele encoraje o potencial aconselhado a iniciar ele mesmo a conversa com o pastor ou, pelo menos, lhe pergunte se o pastor poderia contatá-lo.

Quando as circunstâncias parecem exigir intervenção não procurada, você deve abordar a pessoa pacientemente, resolvido a lhe mostrar Cristo. Geralmente é melhor ser franco a respeito de quem o procurou inicialmente para tratar do problema. Na maioria dos casos, você deve deixar claro para o amigo interessado que usará o nome dele e defenderá a decisão dele de intervir, por julgar isto a coisa amorosa e bíblica a ser feita. Abordar alguém com base numa indicação anônima não trata a igreja como igreja. Sinceridade dissipa possíveis embaraços e deixa as coisas visíveis a todos muito mais rapidamente.

O aconselhamento iniciado pelo pastor

Outras situações de aconselhamento são iniciadas diretamente por pastores que veem áreas de problemas na vida dos membros de sua igreja e os procuram para ajudá-los. Embora isto seja, às vezes, embaraçoso, aproximar-se de alguém para cuidar dele é parte do mandato do pastor (Tt 2.15; Hb 13.7). O exercício da autoridade pastoral nunca deve ser uma oportunidade para intimidar, bajular, argumentar ou manipular. Temos visto pastores que, motivados por um aparente desejo de pureza e eficiência, abordam pessoas com tal severidade que elas reagem com indisposição.

O pastor deve abordar os outros com uma ternura que está alicerçada em amor e paciência (1Ts 5.14). Isto exige coragem e habilidade. Ambas são desenvolvidas no fazer. Portanto, pastor, não se esquive desta tarefa como se o Supremo Pastor não estivesse ao seu lado. Quando se vestir de humildade e paciência, você compelirá o coração de seu povo a buscar a graça da qual eles não estão cientes de que precisam.

No aconselhamento iniciado pelo pastor, um pastor discerne os desvios de sua ovelha e procura-a. E o pastor deve mostrar paciência e persistência ao procurar ajudá-la.

O CONTATO INICIAL

Havendo estabelecido a necessidade de cuidado pastoral mais próximo, como um pastor deve começar o processo de aconselhamento? O contato inicial pode ser considerado como algo que envolve três coisas: Preliminar (*preview*), Priorização (*priorization*) e Prosseguimento (*pursuit*).

Preliminar

Quase sempre exigimos uma visão preliminar do problema. Isto pode ser feito de maneira formal ou informal. Solicitar uma preliminar formal pode envolver o envio de um Formulário de Informações Pessoais aos aconselhados, como um meio de localizar o problema e resumir a perspectiva deles quanto ao mesmo. Incluímos um modelo deste formulário no Apêndice "C". Uma preliminar pode ser também informal, pedindo apenas que a pessoa escreva um parágrafo ou dois sobre o seu problema.

Uma visão preliminar oferece várias vantagens. O pastor consegue tempo para mobilizar recursos antes da primeira sessão. Talvez recorrerá a alguém que tem mais experiência no problema, ou buscará um livro que seja proveitoso para a pessoa ler, ou envolverá outro crente que já passou por um problema semelhante.

Uma preliminar também permite ao pastor orar a respeito da pessoa e do problema antes de se reunir para aconselhamento. Encorajamos os pastores a desenvolverem o hábito de orar em seu tempo devoções matinais por todas as pessoas com as quais se encontrarão no dia de aconselhamento. É uma boa maneira de evitar o perigo de você tentar ajudar os outros com sua própria sabedoria, em vez de depender da sabedoria que o Senhor provê (Tg 1.5-8).

Um benefício adicional de uma visão preliminar é que ela ajuda o aconselhado a organizar seus pensamentos antes de vir para a sessão. Frequentemente, a pessoa tem pensado pouco em como descrever o problema; e, quando expõe as coisas para você, ainda está selecionando entre as muitas dificuldades que infestam sua vida. Raramente temos visto alguém chegar e resumir sua vida de maneira sucinta e bem organizada. Mais frequentemente, as pessoas falam muitas coisas que o pastor precisa filtrar. "Estou lutando com isto... minha esposa odeia... talvez eu deva pensar nisto... eles estão sempre me dizendo que..." Você não se dá conta de que já se passaram vinte minutos quando a pessoa começa a diminuir o fluxo do que está falando. Ter uma compreensão antecipada da natureza da situação o ajudará a organizar o que pode ser um bombardeio de detalhes.

Priorização

Como pastor, você já está cônscio de sua limitação. Você só dispõe de determinado tempo e energia. Cremos que Deus lhe tem comissionado para que gaste ambos tendo em vista o bem de seu povo. Para fazer isto mais eficazmente, você tem de priorizar as situações que exigem mais porções de seu tempo. Tendo já obtido uma preliminar da situação, você estará em condições de considerar novos fatores.

Tempo exigido. Problemas básicos de casamento ou questões de comportamento exigem menos tempo do que problemas mais complexos que envolvem sistemas de valores profundamente arraigados ou padrões de comportamento de muitos anos. Não estamos dizendo que um pastor deve priorizar as situações que exigem menos quantidade de tempo. De fato, as situações que exigem mais tempo são frequentemente as mais complexas e, por isso, as que mais necessitam de atenção. Todavia, o pastor deve estar ciente das prováveis exigências de tempo. A experiência dará a você um senso de definição do tempo.

Nível de exploração exigido. Alguns problemas exigem grande quantidade de esforço exploratório dos pensamentos e desejos da pessoa, de sua história pessoal ou de sua dinâmica relacional com os outros. Aqueles problemas que exigirem mais esforço exploratório devem receber prioridade. Aquelas situações que são mais diretas podem ser tratadas por líderes de pequenos grupos ou outros amigos cristãos que estejam dispostos e sejam capazes de lidar com elas.

Nível de urgência. Toda situação é urgente para os que pedem aconselhamento. Mas parte de seu trabalho consiste em ajudar pessoas a verem seus problemas no contexto das necessidades de outras pessoas. Alguns pedidos de aconselhamento não são tão urgentes quando comparados com outros. O pastor sábio conhece o seu tempo, o de seus auxiliares, o de seus presbíteros e o de outras pessoas capacitadas em sua congregação. Em situações menos urgentes, o pastor não deve sentir-se culpado de gastar apenas um encontro no qual encoraje os aconselhados a buscarem crescimento por meio dos ministérios mais regulares da Palavra, pelo menos até que sua carga de aconselhamento diminua. No capítulo 7, falaremos mais sobre a utilização dos outros ministérios da igreja.

Relacionamentos orientados pelo evangelho. Outro fator são os relacionamentos disponíveis a pessoas que necessitam de ajuda. Se há poucas pessoas de mentalidade norteada pelo evangelho disponíveis para guiar outras, o aconselhamento deve receber uma prioridade elevada. Um pastor deve se mostrar zeloso em cuidar de uma pessoa que tateia às escuras sem nenhum guia. Às vezes, devido a circunstâncias que estão além do controle da pessoa, ela não tem guias fiéis. O pastor deve procurar esta pessoa para lhe oferecer não somente aconselhamento, mas também para conectá-la com a vida do corpo.

Prosseguimento

Uma questão final a ser considerada no encontro inicial é por quanto tempo você deve prosseguir aconselhando alguém que precisa de ajuda. Reconhecemos que esta é uma das equações mais difíceis para um pastor resolver. Ele tem de avaliar a urgência da situação, a receptividade do coração da pessoa e outras necessidades na congregação. Isto é especialmente difícil no aconselhamento iniciado por um amigo ou pelo pastor, visto que poucas pessoas estão dispostas a serem acompanhadas. Entretanto, prosseguir aconselhando uma pessoa desinteressada é a chamada do pastor. A habilidade está em discernir por quanto tempo continuar, e situações diferentes exigirão diferentes estilos de prosseguimento ou acompanhamento. Eis alguns perfis a considerar.

Aqueles que se mostram interessados inicialmente mas não são bons na continuidade. Frequentemente, num tumulto de convicção ou de desespero, pessoas procuram o pastor para obter ajuda. Mas, depois, se sentem embaraçadas e se mostram evasivas quando você começa a responder ao pedido de ajuda. Você as serve não por deixá-las fugir. Portanto, seja persistente e um tanto insistente até, pelo menos, um encontro inicial para ter conhecimento real do problema. Em geral, quando pessoas superam a hesitação inicial do primeiro encontro, percebem o valor do processo.

Aqueles que são desinteressados ou ocupados. Se você pudesse injetar o desejo por ajuda no coração de algumas pessoas, isso tornaria o seu trabalho muito mais fácil. Mas, como não podemos fazer isso, precisamos estar preparados para mostrar a importância de procurar ajuda. Ter um encontro inicial com pessoas geralmente não é difícil; mas conseguir que elas se comprometam a mais aconselhamento pode ser problemático. E, em algumas situações, uma agenda cheia torna legitimamente difícil o comprometimento da pessoa. Nestas situações, é melhor você abordar as pessoas com base em prioridades. Se lhes oferecessem um pagamento de mil e quinhentos dólares por hora para se reunirem com você, elas achariam o tempo e o interesse. E o que você lhes oferece da Palavra de Deus é infinitamente mais valioso para a alegria e o bem-estar delas.

Aqueles que são hostis. Mesmo nas igrejas, pessoas são às vezes hostis para com líderes, por várias razões. Se essa hostilidade é uma reserva ou suspeita pessoal para com determinado pastor, então devemos aconselhar os líderes da igreja a promoverem encontros com um pastor diferente ou com outro membro da equipe pastoral para ministrar a esse indivíduo insatisfeito. Parte do cuidado de longo prazo seria buscar a reconciliação, é claro. Mas tentar entender *por que* uma pessoa é hostil é muito importante no cuidado de sua alma. Hostilidade é um caminho direto para, pelo menos, uma faceta importante do problema desse indivíduo. Em situações nas quais uma pessoa é hostil a toda a liderança da igreja, pode ser sábio os líderes procurarem ajuda de pastores de outra igreja que têm a mesma mentalidade.

Aqueles que são entusiastas demais. Talvez você já conheça a experiência de receber várias chamadas telefônicas da mesma pessoa num único dia. A procura da pessoa por você se torna logo inapropriadamente intensa, mas você pode se sentir culpado até por pensar isso. Não se sinta culpado. Parte do amar pessoas é ajudá-las a moldar suas expectativas. É sempre mais misericordioso especificar as regras de procedimento apropriadas do que permitir que pessoas dependam excessivamente de você. Elas precisam aprender que o Senhor é seu refúgio constante e que você é servo dele, entre outros servos, que andará constantemente com elas por muito tempo. E precisam aprender que todos os servos de Deus têm limites.

Com todas estas situações, um pastor deve evitar ser muito determinado em insistir num processo de aconselhamento com alguém. Às vezes, o tempo do Senhor é diferente do nosso e podemos confiar estas pessoas a ele, enquanto mantemos um olhar cuidadoso e amoroso sobre elas. Talvez seja intenção do Senhor permitir que os problemas as aflija um pouco mais. Ou talvez seja a vontade do Senhor transformar o coração delas por servir-se de outros meios pelos quais a Palavra penetre em sua vida. Devemos ser humildemente abertos a Deus, não insistindo na ferramenta específica que julgamos ser mais apropriada.

Por outro lado, se alguém está vivendo em pecado público e identificável e, por isso, está prejudicando a si mesmo e aos que estão ao seu redor, precisamos exigir de tal pessoa que se comprometa a se reunir com o pastor. Se ele se recusar a fazer isso, tal pode significar uma recusa maior de se arrepender do seu pecado, e isso pode, por fim, requerer os estágios posteriores da disciplina eclesiástica.

Em seguida: nosso método

Agora que temos alguma compreensão de como o aconselhamento se inicia, podemos estabelecer o nosso método de abordagem. Este é o último aspecto do que chamamos o *conceito* de aconselhamento. Depois disso, estaremos prontos para considerar o processo.

CAPÍTULO TRÊS

SEU MÉTODO: COMO VOCÊ *FAZ* ACONSELHAMENTO?

Você jamais confiaria em um autor que reivindicasse ensinar um método completo de pregação num breve capítulo. Não reivindicamos estar fazendo isso com o aconselhamento. Mas você precisa realmente ter familiaridade com o conteúdo de uma conversa intencional, e fizemos nosso melhor para sintetizar o processo em seus elementos mais necessários, para que você tenha um senso claro de seus alvos nas conversas pastorais. Se você tiver esses alvos claramente no coração, terá uma chance muito maior de dizer algo benéfico.

Os pastores sabem que precisam fazer mais do que simplesmente achar uma maneira mais compassiva de dizer: "Pare com isso!"; ou citar uns dois versículos e dizer: "Deixe-me saber como esses versículos funcionam para você". O aconselhamento pastoral envolve ouvir, considerar e, depois, falar. Os pastores utilizam ativamente estes três aspectos do aconselhamento para descobrir, avaliar e oferecer *insights* redentores para os problemas na vida das pessoas.

O MÉTODO

No capítulo anterior, apresentamos os três alvos principais do aconselhamento: abordar o problema, mostrar a importância do evangelho e ajudar a pessoa a crescer na semelhança de Cristo. Se esses alvos são como as plantas de uma construção, então o método é como o plano de implementação para as fases da construção. Você começa com os alicerces, avança para a moldura estrutural e termina com a obra completa.

O aconselhamento pastoral segue uma trajetória semelhante – você se move do ouvir para o considerar e, deste, para o falar.

- *Você ouve o problema* – para entender o contexto de vida e dos problemas da pessoa (Pv 18.2, 13; Tg 1.19).
- *Você considera as respostas do coração* – como o coração da pessoa está respondendo a Deus, ao ego, aos outros e às circunstâncias (Pv 20.5).
- *Você fala a verdade em amor* – a fim de ensinar, confortar, advertir, encorajar, aconselhar e admoestar de modo apropriado (2 Co 1; Cl 3.16; 1 Ts 5.14).

Estas três ações – ouvir, considerar, falar – são cruciais para nossa metodologia. Todas as três partes estão entrelaçadas em todo o processo de aconselhamento.

1. *Ouça o problema.* Você quer saber o que está acontecendo, mas frequentemente as pessoas compartilham seus problemas de maneira caótica, amontoando pilhas de detalhes desorganizados. Você pode pegar coisas das pilhas menores e ajudar a pessoa a organizar o que está dizendo. Eis um sistema de organização que achamos bastante útil:

- *Circunstâncias.* Primeiramente, o que está acontecendo? Quais circunstâncias parecem mais importantes para o aconselhado?
- *Outras pessoas.* Quem são as pessoas mais proeminentes na história dele? Como elas o estão tratando? Como ele as está tratando?
- *Ego (self).* Qual é a postura dele para com seus problemas? Vê a si mesmo como vítima, perpetrador, inferior, superior, ignorante, perspicaz, confuso, esperto, culpado, inocente?
- *Deus.* Como ele está incluindo (ou não) a Deus na consideração de seus problemas? Qual é a perspectiva dele quanto ao envolvimento do Senhor em seu dilema?

2. *Considere as respostas do coração.* Depois de haver se inteirado das coisas básicas que estão acontecendo, você terá necessidade de considerar como o coração do aconselhado está respondendo em cada uma destas áreas. As respostas dele serão caracterizadas ou pela fé ou por várias outras coisas – temor, ira, desânimo, cobiça, indulgência, escape,

ignorância, tristeza, desapontamento, descontentamento, suspeita.

- *Circunstâncias*. O aconselhado reconhece a diferença entre suas circunstâncias e sua *resposta* às circunstâncias? A sua resposta é caracterizada por fé ou por alguma outra coisa?
- *Outras pessoas*. Ele está amando os outros? Está sendo influenciado pelos outros de maneira não bíblica?
- *Ego (self)*. Qual é a identidade funcional deste indivíduo – crenças ou valores que moldam sua conduta? Como esta identidade se harmoniza com o que Deus diz a respeito dele no evangelho?
- *Deus*. O aconselhado crê que Deus é o que ele diz ser? E que ele faz o que diz que haverá de fazer? Ou há alguma outra versão preferida de Deus que o aconselhado sustenta ocultamente?

3. *Fale a verdade em amor*. Falar acuradamente à necessidade do coração vem somente depois de ouvir e considerar. Baseado nas respostas do coração da pessoa aconselhada, um pastor sabe ensinar, confortar, advertir, encorajar, aconselhar ou admoestar a partir da Escritura. O alvo é chamar a pessoa à fé de uma maneira que se dirija especificamente às respostas de seu coração, visto que somente a fé é o meio pelo qual a pessoa responde corretamente (Hb 11.6, 13-16; 12.1-2). E a fé vem por ouvir a Palavra de Cristo (Rm 10.17). Esta é a razão por que o aconselhamento tem de ser bíblico. Eis algu-

mas maneiras apropriadas pelas quais você pode falar a uma pessoa necessitada:

- *Circunstâncias.* Um pastor dá orientação bíblica apropriada à situação. No caso dos entristecidos, ele os conforta por apontar para a esperança que há em Deus (Rm 8.18-25). Quanto aos que sofreram abusos, ele os protege dos abusadores com a lei (Rm 13.1-4) e os chama a perdoar (Lc 6.26-36). No caso dos ansiosos, ele os ajuda a entender que temores revelam desejos que devem ser confiados ativamente a um Deus amoroso (Fp 4.4-13).
- *Outras pessoas.* Um pastor ajudará pessoas a terem uma visão bíblica de como se relacionar com as outras, tanto com a dignidade quanto com a humildade de Cristo. Fé ativa significa amar os outros em vez de temê-los ou de usá-los (Rm 13.8-10). Você ajuda pessoas a perceberem o que significa crer no melhor a respeito dos outros, enquanto é realista quanto a suas faltas e seus pecados (12.17-21). Você as ajuda a saber como renunciar interesses pessoais para o bem de outros (Fp 2.1-8).
- *Ego (self).* Um pastor chama as pessoas a abandonarem identidades rivais para adotarem a Cristo como sua fonte de identidade. Tais identidades são onde as pessoas tentam encontrar vida – como um homem de negócios bem-sucedido, um pastor respeitado, uma mãe exemplar. Portanto, achar confiança nestas coisas

é uma competição direta com a confiança somente em Cristo (Fp 3.3-16).

- *Deus.* Acima de tudo, um pastor ajuda pessoas a terem uma visão mais exata de Deus com base em sua Palavra. Você as ajuda a conhecer a Deus e crer nele como o único meio de a vida humana ser significativa e de produzir mudança duradoura na alma (Jr 9.23-24; Cl 1.9-10).

A figura 1 ilustra esta metodologia de ouvir, considerar e falar.

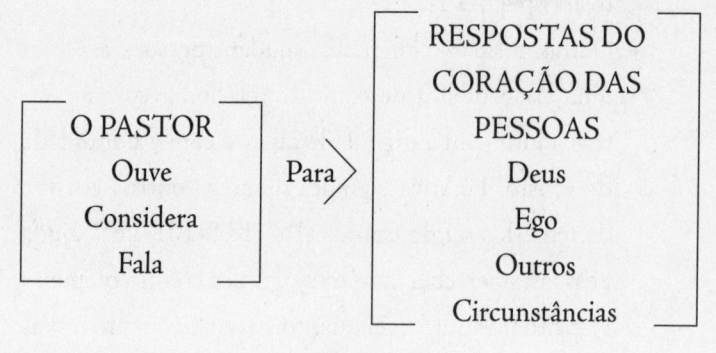

```
┌─────────────┐          ┌─────────────────┐
│  O PASTOR   │          │  RESPOSTAS DO   │
│    Ouve     │   Para>  │   CORAÇÃO DAS   │
│  Considera  │          │     PESSOAS     │
│    Fala     │          │      Deus       │
└─────────────┘          │      Ego        │
                         │     Outros      │
                         │  Circunstâncias │
                         └─────────────────┘
```

Figura 1

Conclusão

Definimos o conceito de aconselhamento nestes três capítulos, começando com a visão de aconselhamento como um labor pastoral, avançando para os alvos amplos no aconselhamento e terminando com uma descrição do método de aconselhamento. Isto lhe dá agora o que você precisa para entender o processo que seguirá, começando com o encontro inicial. Nossa esperança é que, se pudermos instruí-lo passo a passo na forma de uma conversa de aconselhamento completa, você ficará melhor capacitado para fazê-la por si mesmo.

> Algumas Considerações Práticas
>
> + *Prepare-se para os que choram.* Tenha uma caixa de lenços perto da cadeira ou do sofá onde as pessoas geralmente se acomodam para o aconselhamento. Mesmo estando a caixa ali, alguém que esteja sobrecarregado de emoções pode não ver os lenços; portanto, você pode servir aos que choram apenas por dizer algo como: "Há lenços perto de você".
> + *Posicione relógios de modo estratégico.* Coloque um relógio na parede acima da cadeira ou sofá de aconselhamento, dentro de sua linha natural de visão. Evite olhar para seu relógio ou seu celular durante a sessão; isso fará o aconselhado sentir-se apressado. Olhe ocasionalmente para o relógio, para que possa administrar o ritmo da sessão, sem fazer a pessoa sentir-se ciente do tempo.
> + *Restrinja as interrupções.* Não atenda ligações telefônicas ou verifique textos durante suas sessões de aconselhamento. De fato, silencie o seu telefone. Se ele chegar a tocar, mude para silencioso sem desviar seus olhos do aconselhado.

- *Seja visível a todo momento.* A porta de seu escritório deve ter um vidro enorme e claro, para proporcionar visibilidade máxima. Coloque a cadeira do aconselhado num lugar em que ele não seja visto, mas posicione a sua cadeira diretamente na linha de visão do vidro. E tenha alguém (como uma secretária) sentado no lado de fora, na área próxima a seu escritório.
- *Coloque apenas livros recomendáveis em sua estante.* Devemos estar lendo regularmente livros com os quais concordamos, bem como livros com os quais não concordamos. Mas, na estante de seu escritório de aconselhamento, tenha apenas livros que você recomendaria. Enquanto as pessoas estão olhando ao redor, observarão os livros e pensarão: "Aquele livro parece bastante útil, e meu pastor o leu". Portanto, deixe os livros ruins em casa. Dessa maneira não há nenhuma indefinição ou confusão quanto ao que você recomendaria e não recomendaria.

PARTE DOIS

PROCESSO

CAPÍTULO QUATRO

O ENCONTRO INICIAL

Se houvesse uma competição para determinar quem mais teme o primeiro encontro ou reunião, é provável que o pastor venceria. Embora a pessoa que busca ajuda esteja nervosa com o pensamento de divulgar lutas pessoais, o pastor está provavelmente ainda mais nervoso quanto a ouvi-la. O pastor é aquele que se espera tenha as respostas que trarão vida – ou, pelo menos, não morte demais.

Em meio a essa ansiedade, o pastor pode reagir de algumas maneiras inúteis. Por um lado, ele pode temer tanto o aconselhamento que o seu alvo passa a ser terminá-lo. Por isso, ele aparece com uma lista de perguntas precariamente conectadas para encher o tempo. Ou ele pode aliviar a pressão por achar um livro em sua estante ou uma passagem da Escritura para falar sobre ela o tempo todo. Talvez ele faça uma combinação destas duas coisas.

Já apresentamos os três principais alvos do aconselhamento (capítulo 2): abordar o problema, mostrar a importância do evangelho e ajudar a pessoa a crescer na semelhança de Cristo. Estes alvos são como as plantas de uma construção. Depois, consideramos a preparação do pastor para o primeiro encontro. Também oferecemos um método para atingir os principais alvos do aconselhamento (capítulo 3). Esta preparação e a metodologia são como blocos de alicerce sobre os quais repousará todo o resto do empreendimento.

Visto que já estabelecemos o método que deve nortear o processo de aconselhamento, vejamos agora como isto se manifesta no encontro inicial. Este encontro não é necessariamente o primeiro passo em uma jornada de muitos meses. A maioria dos pastores não será capaz de ver alguém por um período extenso de meses ou anos. Com uma agenda lotada, as demandas de pregação e a necessidade de guardar tempo para a família, a maioria dos pastores manterá um modelo de cuidado pastoral de curto prazo. Quando alguém procura o pastor, um a seis encontros são normais, de seis a dez encontros são possíveis, e mais do que dez são incomuns. Embora seja de curto prazo, este modelo é bastante eficaz, especialmente quando associado com os ministérios regulares da Palavra, tanto públicos (pregação, ensino, canto e oração) quanto pessoais (pequenos grupos, comunhão, discipulado um a um).

O encontro inicial envolve primariamente muito ouvir, o primeiro ponto alistado em nossa trajetória. Ouvir bem é muito proveitoso, por isso oferecemos agora mais quatro alvos específicos para a sua sessão inicial de aconselhamento. Estes alvos estão frequentemente conectados e não devem ser considerados como passos independentes.

Estabeleça uma conexão relacional

Primeiramente, estabeleça uma conexão relacional. Quando uma pessoa chega ao escritório pastoral, é uma boa ideia recebê-la com uma conversa descontraída sobre as coisas normais da vida cotidiana. Isto é mais fácil com alguém que você já conhece, mas não é impossível com alguém que você não conhece. Talvez possam falar sobre as alegrias e tristezas do trabalho do aconselhado, como está indo a semana dele, as últimas notícias, o grande jogo de amanhã à noite. Conversas breves contribuem muito para ajudar as pessoas a sentirem que seus problemas não são o fator definidor da vida.

No entanto, o pastor tem a responsabilidade de fazer a transição para as coisas mais importantes. Você pode começar com uma pergunta de abertura: "Como posso ajudá-lo hoje?", ou, se já fez o trabalho de preparação, "Tive a oportunidade de examinar o que você me mandou e de orar por você. Como você está indo em tudo isso?" Não precisa ser sofisticado. Faça a transição *de* uma conversa breve *para* uma conversa de aconselhamento com uma pergunta simples e franca.

Quando você faz isso, tenha em mente o fato de que está procurando estabelecer os quatro componentes mais importantes de qualquer relacionamento pastoral de aconselhamento: confiança, misericórdia, amor e respeito. Estes são os elementos fundamentais para qualquer conversa de aconselhamento.

Confiança. De algumas maneiras, a confiança é o "combustível" do aconselhamento. Sem ela, nada mais avançará. Embora você espere que o pastor já tenha conquistado a confiança geral de um membro da igreja por causa de seu ministério público, no aconselhamento você descobrirá que, como em qualquer outro relacionamento, a confiança pessoal tem de ser ganha. A maioria das pessoas chega ao aconselhamento com uma mistura de esperança e ceticismo. Estão abertas ao pastor por causa do que viram nele em seu ministério, mas estão ao mesmo tempo um tanto céticas porque não têm certeza de que ele as receberá e orientará competentemente. Uma grande parte de ganhar a confiança é mostrar humildade por ouvir bem e falar com consideração. Ninguém confia num arrogante que sabe tudo. Por outro lado, uma parte importante de ganhar a confiança é também mostrar confiança não em si mesmo, mas na capacidade de Deus para dar a sabedoria necessária para qualquer problema. A disposição do pastor para com o problema deve ser compassiva e tranquila. Em geral, as pessoas verão essa confiança pelo que ela é – não arrogância autoconfiante, mas confiança humilde em Deus.

Misericórdia. Quando pessoas vêm com seus problemas, tendem imediata e frequentemente a se sentirem julgadas. Na maioria das vezes, estão cientes de que algo que estão fazendo está errado, embora não estejam dispostas a considerar a extensão. Isto torna muito sensível o seu radar para com palavras condenatórias. Se as pessoas sentirem condenação – em palavras, no tom de voz, na linguagem corporal – você não irá a lugar algum. Às vezes, a sensibilidade delas fica tão elevada, que é impossível não o interpretarem como condenatório. Mas com uma demonstração cuidadosa de paciência, o pastor pode destruir a muralha defensiva. Ter uma disposição misericordiosa não é meramente uma estratégia de comunicação; se for apenas isso, desaparecerá rapidamente. Pelo contrário, ela tem de ser a emanação de um coração que é como o de Deus – repleto de misericórdia e desejoso da redenção dos insensatos, perdidos e hostis.

Sem dúvida, você testemunhará muita insensatez – às vezes, insensatez desconcertante. Quando pessoas compartilharem honestamente seus pensamentos e desejos, seu raciocínio e seu comportamento, você sentirá (em geral, acuradamente) quão estúpidas elas se tornaram com o pecado. A lista é interminável: autoagressão, ideações suicidas, comunicação destrutiva, adição a álcool e drogas, orgulho, egoísmo, ódio, inveja, difamação. Nesses momentos, você ora para que tenha um coração como o do Pai que perdoou a vergonha do filho errante, e não o coração do irmão mais velho que alardeou aquela vergonha (Lc 15.11-32). Não é exagero, querido pastor, dizer que o que Deus fez por você em Cristo foi pegar um tolo pervertido e lhe dar a sabedoria justa de seu próprio Filho. Não se esqueça disso. Lembre a misericórdia de Deus para com você e esteja pronto a mostrar misericórdia ao pecador que está sentado à sua frente. Muitas pessoas nos disseram depois da sessão inicial de aconselhamento: "Vim aqui esperando condenação e não misericórdia".

Amor. Assim como no caso da misericórdia, a fonte é Deus. "Nós amamos porque ele nos amou primeiro" (1Jo 4.19). "Amados, se Deus de tal maneira nos amou, devemos nós também amar uns aos outros" (1Jo 4.11). Parte do plano de Deus para mostrar seu amor a um mundo decadente é incorporar esse amor no cuidado de um cristão e na aceitação de outros crentes. O apóstolo João apela ao fato de que Deus é invisível, além da detecção imediata de nossos sentidos. Mas você não é. Você incorpora este amor de Deus, torna-o tangível. João disse: "Ninguém jamais viu a Deus; se amarmos uns aos outros, Deus permanece em nós, e o seu amor é, em nós, aperfeiçoado" (1Jo 4.12). Os pastores têm o privilégio de tornar visível o Deus invisível para pessoas aflitas quando mostram o amor cristão.

Amar alguém significa mostrar interesse pelo seu bem-estar, ainda que você seja incapaz de resolver seus problemas particulares. Esse tipo de amor é realmente mais importante do que a solução. Portanto, se você é inclinado a consertar coisas, fique alerta. Ninguém gosta de ser um projeto. Seja mais comprometido com o bem-estar da pessoa do que com solucionar um problema. As duas coisas não são exatamente idênticas.

Respeito. Você se verá frequentemente sentado diante de pessoas que são uma total bagunça. Elas sabem disso. Você também sabe. E elas sabem que você sabe. O pastor é chamado a mostrar respeito em tal estado. Honestamente, isto é difícil quando você lida com pessoas que são furtivas, egocêntricas, tolas, arrogantes ou infantis. Até nestes casos, um pastor pode manter um nível de respeito por reconhecer cada pessoa como um portador da imagem de Deus (Gn 1.26-28) e um potencial portador da imagem do próprio Filho de Deus (Rm 8.28-29; 2Pe 3.9). Todas as pessoas estão, portanto, investidas com a dignidade de refletir a Deus, não importando quão defeituosa ou turva esta imagem se torne.

Mostrar respeito significa ser acessível. Todos nós conhecemos pastores que não o são. Isso é um grande problema. Justiça própria e atitude de julgar os outros apodrecem o coração de um mestre público, e essa podridão logo exalará o seu mau cheiro. O odor da superioridade, em lugar da humildade, é um mau cheiro para Jesus, porque é o oposto de seu exemplo (Fp 2.5-8). Uma maneira de considerar os interesses dos outros como mais importantes do que os seus próprios é mostrar o respeito de falar com eles seriamente.

Explore a preocupação

Muitos de nós presumimos que somos bons ouvintes quando, de fato, não somos. Muitos pastores lutam para ter paciência para ouvir as pessoas que vão até eles em busca de ajuda. Devemos evitar a tentação pastoral de transformar toda sessão de aconselhamento em outro sermão. No aconselhamento, os pastores primeiro ouvem e, depois, falam. Devemos atentar à advertência de Salomão:

> O insensato não tem prazer no entendimento,
> senão em externar o seu interior (Pv 18.2).

O alvo central do primeiro encontro é entender a pessoa e suas preocupações primárias. Conhecer a pessoa – como ela reage à vida, o que mais valoriza, como se relaciona com os outros e assim por diante – é o que Deus o chamou a fazer em refletir o interesse dele pela pessoa. É neste ponto que o método que delineamos no capítulo 3 se torna conveniente.

Cremos que frequentemente é melhor abrir o encontro com uma pergunta geral que permita a pessoa dirigir a conversa da maneira que lhe pareça mais urgente. Já sugerimos que o pastor diga algo como: "Como posso ajudá-lo hoje?" É claro que isto não significa que a pessoa estabelecerá a agenda para toda a reunião; significa apenas que você está permitindo que ela discorra sobre o que mais a preocupa.

Ouvir exige o delicado equilíbrio entre permitir certa liberdade e manter a pessoa no campo correto. Todos somos inclinados de maneiras diferentes. Alguns de nós tendem a ser ouvintes tão passivos que nunca introduzimos perguntas proveitosas para direcionar as coisas. Talvez até deixemos que os aconselhados tomem a liderança quando, francamente, eles não sabem aonde ir. Outros talvez sejam inclinados a manter a conversa tão eficiente quanto possível dirigindo-a com uma agenda estrita de questões diretivas. O aconselhado se sente instintivamente guiado e provavelmente menos disposto a dar a informação necessária. Ouvir de uma maneira que direcione proveitosamente a conversa é uma habilidade difícil de dominar.

Pense neste princípio em termos de resguardar a conversa, mas não de controlar a pessoa. Você quer que a pessoa se sinta livre para ir até aonde ela quer, dentro dos limites apropriados, mas não que se sinta forçada a seguir um caminho específico. Ouça pacientemente e não atrapalhe o aconselhado, mas, ao mesmo tempo, não seja passivo. Muito provavelmente, você dispõe apenas de uma hora ou pouco mais. Se deixar que falem sobre o que quiserem, no ritmo que quiserem, os aconselhados talvez mencionarão algumas coisas úteis, mas muitas coisas menos úteis. O segredo é fazer perguntas subsequentes de esclarecimento (*follow-up*) que lhe darão as informações úteis. Isto resguarda a conversa sem controlá-los muito rigidamente. Uma excelente pergunta subsequente de esclarecimento (*follow-up*) tanto reconhece a preocupação da pessoa quanto dirige a conversa à informação mais útil para se chegar ao cerne do problema.

Para fazer boas perguntas subsequentes de esclarecimento (*follow-up*), você precisa ser claro a respeito de que tipo de informação está procurando. Faça perguntas que conduzam às questões do coração, não apenas a detalhes superficiais. Use as categorias do método como seus limitadores. Basicamente, você está procurando discernir como o coração da pessoa está respondendo a Deus, ao ego (*self*), a outras pessoas e às circunstâncias. Vá além de perguntas que obtêm informações superficiais sobre a vida da pessoa. É claro que você precisa de detalhes suficientes acerca dos amigos do aconselhado para entender o contexto mais amplo do seu problema, mas há o perigo de avançar para além disso. Somos mais inclinados a coletar muitas informações factuais sobre a vida da pessoa do que a fazer perguntas que atinjam alguma profundidade. Perguntas de profundidade são *relacionadas ao coração*. São mais espinhosas porque são mais intrusivas. Tentam expor o que a pessoa é (Pv 4.23; 20.5; Mt 12.34; Lc 6.43-45). Sondar o coração de uma pessoa ajuda-a a entender os pensamentos, desejos, anseios e motivos que estão por trás do comportamento. Isso não é conversa casual.

Nós o encorajamos a tomar notas para ajudá-lo a se manter focalizado na conversa. Tomar notas também o ajuda a organizar as informações que uma pessoa geralmente transmite de uma forma pouco organizada. O apêndice "C" descreve um método simples de tomar notas e organizar as informações. Anotações ajudam uma mente sobrecarregada a lembrar coisas com mais exatidão.

Mostre esperança

Um de seus primeiros deveres neste encontro inicial é mostrar esperança a alguém que está provavelmente bastante desesperançado. A esperança que você mostra não deve ser apenas que as coisas melhorarão na situação do aconselhado. Certamente oramos para este objetivo, mas sabemos que o Senhor Jesus usa provações para realizar coisas maiores na vida dos que creem nele.

Este é um tempo importante para fazer a pessoa olhar para as Escrituras. Assegure-se de abrir a Bíblia durante o primeiro encontro. Se a Palavra de Deus é realmente importante ao processo de mudança, você precisa mostrá-la. Todavia, o modo como você usa a Escritura é tão importante quanto o fato de que a está usando. Fundamentalmente, você deseja que a pessoa veja a sua vida à luz da perspectiva de Deus, e isso significa que, como pastor dela, você precisa de uma abordagem correta das Escrituras. Uma hermenêutica imprecisa é como um cego que porta um enorme revólver. Há simplesmente muito poder para ser usado de uma maneira imprópria.

Uma lição completa de hermenêutica está fora do escopo deste livro. O que queremos enfatizar mais é o interesse central da Escritura na glória de Deus revelada na pessoa e na obra de Jesus Cristo. A Palavra de Deus aborda todos os problemas humanos apenas à luz disto. Sua relevância, autoridade e suficiência implicam que o que ela enfatiza como mais importante na vida humana nós o enfatizamos como mais importante na vida humana. Portanto, para um indivíduo deprimido, queremos que ele se sinta melhor, mas isto não é o nosso principal interesse. Pelo contrário, a sua depressão deve servir como uma oportunidade para remodelar sua perspectiva quanto à vida a fim de centralizá-la nas esperanças eternas. Estas esperanças eternas, por sua vez, remodelarão a maneira como ele pensa quanto à sua vida presente.

Portanto, mostre esperança por usar o amplo esquema de cores da Escritura para pintar uma visão da vida do aconselhando à luz da glória cósmica. Uma maneira de fazer isso é você terminar a sessão inicial por resumir o que ouviu de seus aconselhados quanto aos problemas deles e acrescentar o que a Bíblia diz ser possível a respeito desses problemas. Toda esperança descansa, em última análise, na obra consumada de Cristo. Logo, você não deve errar quanto aos textos básicos que mostram esta esperança que transforma a vida (Rm

15.13; Ef 1.18-19; Cl 1.21-23; 1Tm 4.10; Tt 3.5-7; 1Pe 1.3-5). Mas você pode também focalizar aspectos específicos desta esperança que são apropriados às situações específicas deles. Por exemplo:

- Em situações de grande sofrimento, a esperança de uma criação redimida (Rm 8.18-25).
- Em situações de tristeza, a esperança da presença de Deus que põe fim à tristeza (Ap 21.1-5).
- Em situações de conflito, a esperança da paz de Deus entre as partes conflitantes (Ef 2.14-18).
- Em situações de desconfiança em Deus, a esperança de sua recepção a expressões honestas de fé (Lm 3.1-25).

Estes são apenas alguns exemplos. O fato é que você pode instilar esperança não somente com passagens que incluem o vocábulo *esperança*, mas também com qualquer passagem da Escritura que demonstra o caráter de Deus revelado no evangelho de Jesus Cristo. As nuanças da esperança são tão abundantes quanto os aspectos do caráter de Deus: sua intenção redentora para com pessoas resistentes, sua capacidade de mudar qualquer coração por responder de maneiras vivificadoras, sua sabedoria em dispor os meticulosos detalhes de cada dia, sua bondade para com os fracos e feridos, sua justiça que corrige num único dia o que está errado, sua veemência em proteger seus filhos. Poderíamos acrescentar muitas outras coisas. E você ajuda pessoas atribuladas por mostrar-lhes um aspecto concreto do caráter no qual elas podem esperar, um aspecto que é apropriado à necessidade delas.

Estabeleça expectativas

Ao chegar ao final, você desejará tratar daquelas coisas que o ajudarão a estabelecer expectativas saudáveis. Primeiramente, designe tarefas de preparação. Parte do processo de aconselhamento ocorre fora das reuniões. Emprestando a linguagem de 1 Pedro 1.13-14, este trabalho de casa é parte de preparar a mente para ação, de fixar a esperança na graça de Cristo e de compelir a alma a fugir do desejo maligno. Esforço pessoal é uma parte necessária na preparação da alma para crescer.

Visto que o trabalho de preparação é uma parte importante no guiar da alma em direção a Cristo, um componente importante do trabalho e tarefa de preparação é a Escritura. Basicamente, você quer oferecer passagens pertinentes da Escritura com perguntas que ajudarão o aconselhado a compreender como as passagens se aplicam à sua situação de vida. A Escritura que você colocar diante de uma pessoa nunca deve ser resultado de um exame negligente da Bíblia para achar respostas rápidas e triviais. Você deve apresentar passagens para estudo de uma maneira que ajude a pessoa a ver como ela pode se relacionar corretamente com Cristo em circunstâncias inquietantes.

Eis algumas perguntas orientadoras para determinar que passagens podem ser proveitosas:

- O que esta pessoa precisa ver mais claramente a respeito do Senhor Jesus? E a respeito de seu evangelho?

- O que esta pessoa precisa entender melhor a respeito de si mesma?
- O que esta pessoa precisa ouvir sobre como se relacionar com os outros?
- Como a perspectiva desta pessoa sobre a vida pode ser ajustada pela visão bíblica de sofrimento?

Estruture a passagem bíblica com perguntas úteis que guiarão a pessoa a estes discernimentos. Estas perguntas não devem ser muito complexas, mas, em vez disso, devem ser um guia básico para princípios do texto que são pertinentes ao problema do momento. Eis um exemplo:

> Separe um momento para ler o Salmo 13. Aqui, o salmista estava experimentando algum problema circunstancial, mas ele elabora esse problema primariamente à luz de uma perspectiva de Deus ocultando sua face (v. 1). Como você pode relacionar isto com a perda de seu trabalho? O que o salmista pediu a Deus (v. 3)? Em sua situação, você acha que o Senhor Jesus ouviria um pedido semelhante? O que o salmista determinou fazer, depois de haver apresentado seu pedido (vv. 5-6)? O que significaria para você fazer o mesmo com todo o temor, vergonha e ira que o dominam por causa de sua perda?

Para ser capaz de fazer isto, você precisa conhecer bem a sua Bíblia. E, quanto mais você experimenta o conforto e o desconforto achados em suas páginas, tanto mais será capaz de sentir o que é apropriado para outra pessoa. Além da leitura das Escrituras e de oração, estes são outros tipos proveitosos de tarefas que podem ser designadas:

- ler livros pertinentes, com perguntas orientadoras;
- um exercício relacional, como escrever uma carta para alguém;
- um exercício de responsabilidade, que esboça os deveres de uma pessoa para com Deus e as outas pessoas;
- um exercício de conflito, no qual um casal realiza as dinâmicas de uma conflito, usando perguntas orientadoras;
- escrever um diário;
- escrever uma oração de louvor, confissão e ações de graça.

Nossa esperança é que por meio dos trabalhos e tarefas de preparação ensinemos a pessoa a confiar na Palavra de Deus. Nada pode substituir isto. Outras formas de tarefas de preparação devem sempre ser complementares à tarefa central de absorção e meditação diligentes da Escritura.

Uma segunda tarefa prática é separar um momento para definir os parâmetros para o relacionamento de aconselhamento. No que diz respeito à duração, o pastor terá de avaliar quantos encontros de aconselhamentos deverão ser necessários e oferecer, pelo menos, uma estimativa aproximada de quantos encontros o aconselhando deve esperar. Evite o impulso de prometer demais. Se não tem certeza, diga apenas que tratará novamente do assunto no encontro seguinte. Também seja claro a respeito da duração de cada sessão. Por exemplo, se você planeja encontros semanais, ter sessões de uma hora é uma boa disciplina a ser mantida para o benefício tanto do pastor quanto do aconselhado. Se os encontros forem mais distantes – como, por exemplo, um por mês – então, você pode considerar sessões de noventa minutos ou mais.

No que diz respeito ao contato fora das reuniões agendadas, um pastor precisa ter o cuidado de estabelecer limites apropriados para proteger sua família, bem como sua própria alma. Ovelhas fracas têm a admirável capacidade de achar lacunas nos limites de um pastor. Você poderia até aposentar-se e viver no Caribe se recebesse um dólar por toda mensagem telefônica que começasse com a frase "Sei que você está com sua família, mas..." É melhor dar orientações claras a respeito de qual é e qual não é o tempo apropriado para telefonar-lhe, quanto tempo demorará para você responder a esses telefonemas e o que constitui uma emergência. Um de nossos erros pastorais de novatos foi oferecer a casais que tinham péssimos casamentos a oportunidade de nos telefonarem sempre que estivessem numa briga desagradável. Imagine o que aconteceu? Recebemos ligações a todas as horas da noite e com uma frequência ridícula. Portanto, a menos que você goste de telefones tocando inconvenientemente em sua mesa de cabeceira, converse sobre isso com o aconselhado.

A coisa final a fazer antes de terminar com oração é agendar o encontro seguinte em seu calendário. Depois que o primeiro encontro estiver terminado e todos voltarem à agitação e pressa da vida cotidiana, muito tempo e energia podem ser desperdiçados em contatar pessoas e organizar calendários via e-mail, ou cartas, ou chamadas telefônicas. Portanto, a coisa mais fácil a fazer é coordenar as agendas enquanto todos estão presentes no encontro inicial.

Finalmente, ore por eles. Não de maneira superficial, mas com sinceridade paciente. Você quer ser para eles modelo de interação sincera com o Deus vivo quanto àquele problema específico. Faça o máximo para evitar afirmações que eles seriam tentados a rejeitar como triviais. Enquanto você ora, mencionando cada problema, faça-o de maneira que lhes mostra como o evangelho é uma resposta suficiente para os problemas deles e como podem se achegar ao trono da graça para receberem ajuda em tempo de necessidade.

CAPÍTULO CINCO

TRABALHANDO POR MUDANÇA

Até esta altura estabelecemos as plantas da construção, a saber, os nossos três alvos: abordar o problema, mostrar a importância do evangelho, promover conformidade com Cristo. Em seguida, estabelecemos nossa metodologia fundamental constituída de três partes: ouvir com discernimento, considerar as respostas do coração, falar a verdade bíblica em amor. Agora, estamos considerando o restante da casa. Nesta etapa, já o conduzimos pela sessão inicial. Agora começamos a maior parte da obra.

Qualquer construtor lhe dirá que um alicerce de qualidade dá a confiança de que os passos seguintes produzirão uma construção bem sucedida. O mesmo se aplica ao aconselhamento. A sessão inicial, que já abordamos, serve apenas como ponto de partida para edificar na vida de uma pessoa. Você ainda tem caminhos a percorrer com o plano de *execução* ou implementação. Em cada etapa, lembre o método que apresentamos: *ouvir, considerar* e *falar* sobre como o coração responde a Deus, aos outros, às circunstâncias e ao ego (*self*).

Neste capítulo, esperamos ensinar-lhe como manter em andamento o processo de aconselhamento. Se apenas perpetuamos as coisas que fizemos na sessão inicial, sobrecarregamos o alicerce e não criamos nada útil. Erigir estruturas requer um conjunto de diferentes tarefas e capacidades.

A etapa seguinte aborda a parte mais importante de seus encontros. Você talvez ainda esteja considerando o material da sessão inicial, e isso é normal. Não estamos sugerindo uma mudança drástica para alguma outra tarefa nas sessões seguintes, e sim um progresso gradual. Neste capítulo, desenvolveremos quatro elementos que devem fazer parte de cada sessão nesta etapa seguinte, em maior ou em menor grau: (1) faça uma atualização (*update*); (2) pergunte sobre a tarefa ou trabalhos de preparação; (3) continue a explorar a preocupação; (4) ofereça remédios redentores.

Faça uma atualização

Primeiramente, faça uma atualização (*update*). Você quer ter um forte senso do que é mais urgente na mente da pessoa quando ela vem ao seu gabinete. Frequentemente, pessoas se sentem perturbadas quanto a uma conversa que acabaram de ter, temem admitir algum fracasso desde a última semana ou se preocupam com alguma situação que acabou de surgir no trabalho. Buscar uma atualização a respeito de como elas estão indo, permite que expressem o que lhes é mais urgente. Isto pode lhe dar discernimento precioso a respeito de como o coração de uma pessoa está respondendo ativamente às circunstâncias presentes. Também pode ser uma oportunidade maravilhosa para mostrar a importância da Bíblia para situações que à primeira vista não parecem ser espiritualmente tão relevantes. A Bíblia tem jurisdição sobre tudo na vida, e você mostra isso por se preocupar com a experiência imediata da pessoa.

Você quer que as perguntas sejam simples e sem restrições, mas tenham um elemento de direção. Eis algumas sugestões, que são leves variações que chegam ao mesmo ponto.

- Você pode me atualizar sobre como foram, nesta semana, as coisas referentes a alguns dos assuntos que discutimos?
- Como você está indo com tudo isto – desanimado ou encorajado?
- Você tem alguns novos pensamentos ou compreensões a respeito da última semana?
- Surgiram quaisquer novas situações que estão relacionadas com o que temos falado?
- Nesta semana, aconteceu alguma coisa que você acha seria proveitoso considerarmos?

Às vezes o que resulta destas perguntas gerais é muito importante para redirecionar a trajetória da sessão de aconselhamento, porque você sente uma necessidade urgente de abordar um assunto específico. Outras vezes, elas apenas o ajudarão a conhecer melhor a pessoa. De qualquer maneira, atualizações (*updates*) não são apenas uma maneira educada de chegar à parte principal de uma sessão de aconselhamento. São importantes para você entender a experiência imediata de alguém, para que possa aconselhar com base no estado presente do coração e da vida da pessoa.

Pergunte sobre a tarefa ou trabalho de preparação

Perguntar sobre a tarefa de preparação previamente designada deve vir logo depois da atualização de abertura. Conferir a tarefa de casa não o torna semelhante a um professor antiquado. Pelo contrário, você está querendo saber como o material compeliu a pessoa a entender melhor seu próprio coração e a ver Cristo em seu problema.

A tarefa mais comum designada entre as sessões de aconselhamento é o estudo e a meditação diligente de uma passagem bíblica relevante. Você deve tomar tempo para examinar o texto designado e os discernimentos bíblicos obtidos pelo aconselhado. A melhor maneira de estruturar isto é fazer perguntas que revelem três coisas:

1. A pessoa entende o que o texto realmente significa?
2. Ela vê as implicações desse significado para sua vida?
3. Vê como essas implicações se relacionam com Jesus Cristo?

Basicamente, rever a tarefa de preparação é uma boa maneira de ensinar a pessoa a ler bem a Bíblia e de confiá-la à sabedoria de vida real da Bíblia.

Se outras tarefas foram designadas (escrever diário, tarefas impressas, exercícios práticos e assim por diante), certifique-se de conferir essas tarefas e do que a pessoa não consegue fazer nelas. Se você não perguntar sobre a tarefa de preparação isto geralmente mostra que não a julga importante. Seu aconselhado concordará prontamente com você e perderá a motivação para fazê-la.

Quando pessoas não fazem a tarefa de preparação, não as repreenda. Algumas pessoas sentem a vida tão extenuante que não conseguem fazer muitas coisas, e a tarefa de preparação que você designou foi irrealista à luz desses desafios. Não conhecemos muitas pessoas profundamente deprimidas que leem um livro completo ou mães de recém-nascidos que tenham tempo prolongado para oração e meditação na Bíblia. Conheça os desafios da vida da pessoa, para que lhe dê uma tarefa de preparação apropriada. É possível que alguém esteja apenas interessado em usar as sessões de aconselhamento para lamentar e reclamar e esteja indisposta a fazer algo quanto ao problema. Se uma pessoa demonstra uma falta consistente de seguir o aconselhamento, é tempo de uma conversa sobre não desperdiçarem tempo num processo que não está realmente seguindo adiante.

Continue a explorar a preocupação

Se a tarefa de preparação for bem elaborada, falar sobre ela levará naturalmente a explorar um pouco mais áreas conhecidas de interesse. Na parte mais importante das sessões, você continua a crescer em seu entendimento dos problemas dos aconselhados por observar como seu coração responde aos últimos acontecimentos. A vida continua a se desdobrar para eles. Observe isso. Casamentos ruins se dissolverão. Moças que têm transtornos alimentares perderão mais peso. Pessoas deprimidas faltarão ao trabalho. Pessoas que se automutilam continuarão se mutilando. O fato é este: os problemas nunca são estáticos. Você está procurando entender como o coração de uma pessoa está respondendo de modo ativo ao que está acontecendo atualmente.

As situações das pessoas evoluem com o passar do tempo, e o pastor precisará acompanhar isso. Nem sempre é fácil manter os fatos da situação de uma pessoa distintos de suas respostas à situação. Você tem de ouvir com atenção a linguagem que a pessoa usa – pode estar carregada de emoções, revelar alguma incompreensão crítica, mostrar alguma lealdade imprópria. Palavras são como uma pressão barométrica para elas. Revelam o que uma pessoa crê, o que deseja e ao que se dedica. "Odeio meu marido." "Não acho que Deus se importa comigo." "Eu desisto." "Ninguém sabe o que estou passando." Estas afirmações revelam tanto crenças quanto emoções. Não tenha medo de enfrentá-las. Se você se esquiva de tópicos que revelam emoções fortes, perderá uma tremenda oportunidade para avaliar o coração. Não saia rapidamente de momentos emocionais. Com frequência, essas ocasiões o colocam mais perto de descobrir as crenças e os anseios mais profundos de uma pessoa. Estes momentos podem colocá-lo mais perto da questão central do que a pessoa adora. Os valores e as crenças da pessoa são direcionados para a adoração de Cristo Jesus ou são usados para servir o ego?

As categorias de respostas do coração de uma pessoa, que apresentamos em nosso método, oferecem uma forma de avaliar o que uma pessoa adora. Esse ímpeto natural de adoração será direcionado para Deus ou para inúmeros deuses rivais: a afirmação de aceitação social, a satisfação de realização profissional, a segurança de um relacionamento, o conforto de um estilo de vida mais tranquilo. Sobre o que uma pessoa tende a falar, a quem ela é atraída, como gasta o seu tempo – em resumo, como seu coração responde à vida – são questões de adoração. Os pastores devem pensar no aconselhamento não primariamente como uma tentativa de corrigir problemas, mas como uma tentativa de reorientar a adoração, de coisas criadas para o Criador, por meio do evangelho de Jesus Cristo.

Aqui estão dois cuidados importantes que devem ser tomados quando você explora a situação de uma pessoa e as respostas de seu coração. Primeiro, não seja apressado ou simplista em rotular o que o coração da pessoa está adorando. Você não está à caça de um ídolo, como se essas coisas pudessem ser rotuladas facilmente. Um viciado em vídeo games, de trinta e quatro anos, não está adorando seu *Xbox*. Uma adolescente sexualmente ativa não está adorando seu namorado. Como os deuses da fertilidade cananeus aos quais os israelitas eram tão inclinados, estes objetos são meios de atingir algo mais. Israel estava enamorado não de uma peça de madeira esculpida, mas do que pensavam que o deus lhes poderia dar: fertilidade, riqueza, prosperidade, segurança, aceitação, perpetuidade de gerações – em outras palavras, a vida nos termos deles mesmos. Os israelitas queriam todos estes benefícios à parte de seu Criador. Por isso, o verdadeiro problema do povo de Israel era que eles rejeitavam a Deus para seguir a vida sem ele.

O viciado em vídeo games está usando o *Xbox* como um objeto para atingir várias possibilidades: o significado de realizar grandes feitos, um escape das dificuldades da vida real ou apenas o prazer da estimulação do impulso. Em qualquer que seja a combinação, ele está procurando a vida sem o governo de Deus. A adolescente sexualmente ativa está usando seu namorado para atingir várias possibilidades: um senso de aceitação num relacionamento, aceitação em um grupo de colegas, escape de uma família não amorosa, talvez o simples prazer do sexo. Estas são questões de adoração que são mais profundas do que o objeto na superfície.

Segundo, quando uma pessoa vai até você em busca de ajuda, não suponha que ela está totalmente consciente do que a motiva. Pessoas podem ter motivos, desejos e até crenças das quais não estão plenamente cientes. Nem todo aspecto da atitude de uma pessoa é resultado de determinação consciente e imediata. Não estamos necessariamente concordando com a teoria do inconsciente prevalecente em algumas psicologias. Estamos apenas salientando que pessoas têm diferentes graus de consciência de seus desejos, crenças e intenções. O aconselhamento desenvolve frequentemente o discernimento de uma pessoa quanto ao seu próprio coração, ajudando-a a ser mais consciente de por que pensa, sente ou age de certas maneiras.

Por que estamos mencionando esta segunda advertência? Ela nos guarda de cair no erro de simplesmente admoestar pessoas. Frequentemente, a exortação direta não é o lugar onde devemos começar. Um marido tomado de raiva pode pensar que está apenas irado por causa do assunto da última briga – ou seja, uma discordância quanto às finanças. Identificar seu ídolo como dinheiro e repreendê-lo por sua raiva não funcionará. Você tem de ajudá-lo a se tornar mais consciente das coisas que ele crê a respeito de sua esposa (que ela é materialista ou desrespeitosa), das coisas que ele quer (liberdade para fazer o que lhe agrada) e de outras maneiras pelas quais sua ira se expressa (comentários sarcásticos, falta de cordialidade para com a esposa).

O que este homem precisa é de instrução paciente e de um trabalho exploratório que ilumine seu coração. Isto leva tempo. Você não quer apenas dizer-lhe quais são os seus ídolos e, depois, admoestá-lo a adorar a Deus, em vez dos ídolos. Não suponha que as pessoas são verdadeiramente conscientes do que motiva seus sentimentos e comportamento. Admoestação é necessária, porém é mais eficiente quando alguém se torna consciente do *que* está fazendo e de *por que* o está fazendo.

Estas advertências a respeito de como abordar um coração adorador o ajudará a lidar com pessoas de maneiras apropriadas à condição em que estão. Paulo disse em 1 Tessalonicenses 5.14: "Exortamo-vos, também, irmãos, a que admoesteis os insubmissos, consoleis os desanimados, ampareis os fracos e sejais longânimos para com todos". Paulo nos encoraja a agirmos com discernimento em nossa abordagem com pessoas que têm problemas diferentes. Pessoas ociosas precisam de advertência. Pessoas tímidas precisam de encorajamento. Pessoas fracas precisam de ajuda. Os duvidosos precisam de esperança. Os tolos precisam ser repreendidos. Os que sofrem abusos precisam de segurança. Os entristecidos precisam de consolo. E a lista poderia prosseguir.

Aquele que é paciente em toda conversa de aconselhamento está sendo "longânimo para com todos". O crescimento espiritual demanda tempo, e isso exige paciência tanto do conselheiro quanto do aconselhando. Tenha em mente o quadro maior e a visão de longo prazo. O aconselhamento pode durar poucas sessões, mas o crescimento espiritual deve seguir por toda a vida (Fp 1.6; 2.12-13). Nosso alvo abrangente é construir infraestrutura espiritual na vida de pessoas, e não somente estancar vazamentos. À proporção que aumenta a conscientização das pessoas quanto a seu próprio coração, assim também cresce a sua fé em Cristo, para que se tornem mais semelhantes a Cristo no decorrer de cada dia.

Ofereça remédios redentores

Finalmente, ofereça remédios redentores. Em algum momento, em toda conversa de aconselhamento, deve haver uma mudança de explorar a preocupação para prover orientação específica ao problema da pessoa. Depois que você estiver atualizado, houver revisado a tarefa ou o trabalho de preparação e explorado um pouco mais a preocupação, é tempo de avançar para uma conversa sobre os melhores caminhos para lidar com os problemas.

Muito do seu trabalho no passo anterior consistiu em descobrir como o coração está adorando. Neste passo seguinte, encorajamos uma pessoa a adorar a Deus em sua situação específica. Como ela está reagindo às dificuldades em sua vida? Ela tem fé em Deus ou colocou sua esperança em qualquer outro objeto? Nenhuma estratégia que um pastor utilize pode induzir uma pessoa a adorar. Somente Deus pode compelir a adoração no coração. E, embora haja um mistério aqui, algumas coisas são claras na Escritura.

- Relacionar-se corretamente com Deus só acontece pela fé (Rm 1.16-32).
- A fé vem pelo ouvir a Palavra de Cristo (Rm 10.17).
- A Palavra de Cristo é proclamada por agentes humanos (Rm 10.14-16).

A fé é um dom de Deus, mas Deus escolhe usar pessoas para anunciar sua Palavra como instrumento para incitar a fé. Você pode pensar em aconselhamento como algo que envolve proclamação padronizada da Palavra de Deus como um meio de produzir fé em Cristo, para que o coração possa adorar corretamente. Este é o seu alvo: promover a fé que resulta em adoração sincera que exalta a Cristo, apesar das circunstâncias.

Isto não significa que, depois de haver obtido um senso do problema, você apenas começa a pregar para os aconselhados, em vez de falar com eles. O aconselhamento é menos semelhante a um sermão e mais semelhante a uma conversa. Temos sentido a mesma tentação que você sente em aconselhamento – dizer às pessoas o que está errado em sua vida e o que a Palavra de Deus diz e, depois, conduzi-las para fora do gabinete. Por favor, não faça isso. Não pregue *para* elas, fale *com* elas.

No entanto, é uma conversa que tem o propósito de instruir. Afinal de contas, você é um pastor. Estude a Escritura com os aconselhados, pense em maneiras de aplicá-la à situação espiritual deles e faça planos concretos com os quais se comprometerá. Ensine-os a partir do texto, especialmente quando há incompreensão ou má interpretação. Talvez você não saiba que uma reclamação razoavelmente comum dos que buscam conselheiros profissionais é que não recebem orientação suficiente a respeito de como lidar com seus problemas. Os pastores não devem também proceder desta forma. Devem, antes, ser canais da sabedoria de Deus para pessoas sofredoras e pecadoras.

Dependendo da pessoa e da situação, o pastor pode empregar inúmeras estratégias redentoras quando sugerir uma solução. Em seguida, apresentamos algumas estratégias diferentes para ajudar alguém a ver como deve ser a resposta de fé em sua situação específica. Não são passos distintos, e sim amostras de perspectivas que você pode adotar para levar a pessoa a uma solução.

Reintroduza Deus
Por causa da abundante falta de conhecimento da Bíblia em nossos dias, não é surpreendente que muitos cristãos tenham um entendimento superficial do caráter de Deus.

Entretanto, conhecer a Deus como ele se revela em sua Palavra é a maior fonte de confiança para a vida humana (Jr 9.23-24). Conhecer o caráter de Deus será benéfico para qualquer problema.

Um entendimento errado a respeito de Deus afetará o modo como reagimos à vida. Se uma pessoa entende a Deus como crítico e escrutinador, reagirá com resignação temerosa. O cristianismo se torna uma performance moral, e a vida se torna destituída de graça. Se uma pessoa entende a Deus como um gênio da lâmpada ou Papai Noel, espera que Deus lhe dê felicidade. Não é surpreendente que ela reaja com frustração e desapontamento quando o sofrimento lhe sobrevém e fique melindrada quando você começar a falar em aspectos do caráter de Deus que atuam visando à sua glória suprema.

Conceitos errados sobre Deus estão sempre ligados aos mais profundos desejos de uma pessoa e às expectativas mais centrais de sua vida. O verdadeiro conhecimento de Deus traz ordem a estes desejos e expectativas.

Despsicologize

Às vezes, pessoas abraçam de tal modo as normas da cultura que grande parte de nosso trabalho pastoral consiste em dissuadi-las de prioridades e valores que simplesmente não são bíblicos. Muitas destas pessoas serão cristãos professos, embora encarem a vida com base num conjunto de padrões mundanos. Isto pode ser explícito – como nos casos em que se identificam de modo excessivo com rótulos psicológicos, tais como transtornos bipolares, depressivos ou relacionados a traumas – ou implícito, como nos casos em que falam na linguagem da psicologia *pop*.

Ajudar alguém a ver a si mesmo primariamente como um filho de Deus (e não como um bipolar ou um esquizofrênico) ou a aceitar o sofrimento como normal à vida cristã (e não a fugir do sofrimento) exigirá a desconstrução paciente de algumas assunções subjacentes. A coisa *mais verdadeira* sobre um cristão é que ele ou ela é a possessão preciosa de Cristo, não importando aonde esteja indo psicologicamente. Até que pessoas ajam motivadas por esta prioridade, terão muitas lutas para reagir com fé ao seu problema (Fp 4.3-16).

Desprograme a performance

Se pessoas estão presas na armadilha da performance – pensando que devem "fazer" algo para ganhar o favor de Deus – então, precisam crescer em seu entendimento da livre graça (Ef 2.4-10) e aprender a descansar no amor de Deus (Rm 8.31-38). Uma vida inteira de mentalidade de performance legalista não mudará da noite para o dia. Alguns membros de igreja virão até você tão entrincheirados em certa maneira de pensar e viver, que o aconselhamento parecerá como se você estivesse desprogramando indivíduos que acabaram de se libertar de uma seita. Outros se ocultarão atrás de uma visão legalista de Deus que os impede de ver os caminhos verdadeiramente profundos dos quais eles ficaram aquém, porque seus fracassos são dolorosos demais para serem reconhecidos. Em todo caso, cristãos que estão profundamente entrincheirados em maneiras de pensar não bíblicas devem ser desafiados pacientemente com a verdade de que os seres humanos são muitos mais infames do que toleraríamos reconhecer e de que, apesar disso, são capazes de serem tornados mais santos do que ousaríamos esperar.

Diferencie as assunções funcionais das que são confessionais
Aquilo que afirmamos crer e como realmente funcionamos estão frequentemente em discordância um do outro. Uma mulher adulta que era espancada por seu pai quando criança terá muita dificuldade para confiar em homens (muito menos em homens de autoridade), mesmo sabendo como a Escritura descreve a conduta de homens redimidos. Ou um adulto que, quando criança, foi abandonado por pais viciados em cocaína pode viver convencido de que tem de defender a si mesmo, porque ninguém o fará, apesar do que lê sobre o poder da comunhão cristã. Ambos esses crentes lutam com assunções funcionais que agem como princípios norteadores para sua vida. Nestas duas situações, os princípios funcionais são explícitos. Todavia, a maioria de nós vive com assunções funcionais muito mais sutis que enganam nossa vida, por isso são mais difíceis de serem identificadas.

Por outro lado, admissões confessionais são o que sabemos ser verdadeiro de acordo com a Bíblia. Os pastores precisam remover a culpa, a vergonha e as mentiras que definem suposições funcionais. E temos de apelar à pessoa, ensiná-la e persuadi-la quanto ao magnífico valor de uma vida orientada para a perspectiva de Deus. Podemos anular as más suposições funcionais por ensinar verdadeiras admissões confessionais (Sl 73.1-28). Quando a mulher abusada compreende a razão espiritual do abuso de seu pai e entende o amor de Deus por ela, pode reconsiderar se a autoridade masculina amorosa e abnegada é realmente possível deste lado do céu. Quando o filho adulto de pais em *drogadição* ou toxicodependência aprende sobre os limites das relações humanas e sobre a sua redenção em Cristo, aprende a confiança apropriada em outros.

Ofereça uma nova moldura

Um quadro bonito se torna comprometido por uma moldura horrível. Esta é a razão por que fornecedores de obras de arte são bastante seletivos quanto às suas molduras. Assim também, aflição ou temor podem enquadrar a maneira como uma pessoa relata a vida para você, comunicando um quadro geral da situação que é insuportável. Como pastor, você pode ajudar a pessoa a remoldurar as informações desagradáveis de sua vida com uma moldura distintivamente bíblica. Ajude a pessoa atribulada a considerar como Deus poderia emoldurar a sua situação, para que ela veja o quadro de sua vida com mais clareza.

Um homem deprimido que acha que seus problemas conjugais não têm esperança poderia ficar surpreso com a perspectiva do pastor. Seu pastor já viu muitos casais em aflição, alguns relacionamentos semelhantes ao casamento deste homem, e sabe que um caminho de redenção é possível. A interpretação do pastor quanto aos fatos coloca uma nova dimensão nas informações, uma dimensão que pode trazer nova esperança.

Pelo bem de seus aconselhados, não aceite os pontos de partidas ou as conclusões deles. Ajude-os a considerar outras formas, outros ângulos, outras luzes que, no quadro, melhor atraem a atenção para a esperança de redenção. Às vezes, uma palavra que apresenta a situação numa perspectiva diferente é admiravelmente esclarecedora. Isto é a essência do encorajamento – *fornecer coragem* numa situação. Paulo fez isso com os tessalonicenses por ajudá-los a enquadrar sua vida de acordo com o futuro glorioso que os aguardava (1Ts 4.13-18).

Descubra dinâmicas subjacentes

Em todo problema, há dinâmicas não mencionadas que definem o que está acontecendo. Uma esposa pode ter expectativas a respeito de como o dinheiro deveria ser gasto ou de como seu marido deveria servi-la. Ela pode temer que ele a abandonará como seu pai o fez com sua mãe. Pode ter um senso de direito de que seu marido lhe deve uma casa enorme, um ótimo carro e roupas lindas. Pode lutar com os ídolos que governam seu coração, tais como filhos perfeitamente comportados ou uma vida sexual extraordinária com seu marido. Expectativas, temores, ira, direitos, apatia e idolatrias são dinâmicas subjacentes, ocultas, que podem definir e reger uma situação. A menos que o pastor as revele e as torne explícitas, é difícil lidar muito com a vida ou a situação de uma pessoa. O amor ao mundo assume muitas formas diferentes; algumas bastantes claras e outras sutis. Mas uma pessoa é ajudada quando alertada a respeito daquilo a que não é sensível e, depois, direcionada a Cristo como o verdadeiro objeto de adoração (ver 1Jo 1.8-10; 2.15-17; 3.1-3).

Mostre as consequências

Toda decisão na vida – pequena ou grande – tem consequências. Este é o princípio bíblico de semear e colher. O tipo de semente que você planta é o tipo de colheita que você leva para casa (Gl 6.7-10). No aconselhamento pastoral, no que diz respeito a decisões, é proveitoso explorar as alternativas diferentes que uma pessoa pode ter diante de si e traçar as consequências lógicas de certas escolhas ou hábitos. Baseada na experiência do pastor e no conselho de outros, ela será capaz de descrever prováveis resultados de uma decisão. Na verdade, um pastor se achará em situações nas quais precisará de ajuda para falar profeticamente – não no sentido de uma mensagem direta da parte do Senhor, mas, em vez disso, no sentido de proferir uma advertência clara e solene de certas consequências. Tais advertências devem ser acompanhadas de descrições cheias de esperanças das bênçãos que resultam de submeter-se a Deus. Basicamente, você está desafiando pessoas a desenvolverem uma visão a respeito de aonde suas ações, atitudes e desejos as levará, para bem ou para mal.

Confronte e reoriente

Pastores têm frequentemente conversas com pessoas insensíveis ou tolas. A confrontação é uma parte normal da vida pastoral, e também uma parte do solene encargo de proclamar a Palavra de Deus (2Tm 4.15). Se um pastor ama suas ovelhas, ele as advertirá e as exortará quando se desviam. Um pastor que não confronta quando deveria não está sendo amoroso; está sendo medroso. Mas Deus está com aquele que procura as desgarradas, mesmo quando elas não sabem que estão se desviando (Tg 5.19-20).

Saber como confrontar numa situação específica nem sempre é fácil. Mas você deve sempre falar baseado na Escritura a respeito do que está sendo confrontado, por que tal coisa é desagradável a Deus e como se manifesta na vida da pessoa. A confrontação deve sempre ser ministrada com intenção redentora e compromisso pessoal. Frequentemente, a advertência será ignorada, e a pessoa cairá no abismo do pecado grosseiro. Isto não é necessariamente um indicativo da qualidade da confrontação. Você levantará a placa de advertência, mas somente o poder de Deus pode capacitar a pessoa a atender à advertência.

Sugira alvos de curto e longo prazos

Quando uma pessoa está perdida no nevoeiro da dificuldade, incapaz de ver um passo à frente, às vezes a melhor coisa a fazer é sugerir alguns alvos de curto e longo prazos. Embora mudança seja algo misterioso e frequentemente incremental, isto não significa que o processo de aconselhamento é nebuloso. Somos chamados a ações específicas à medida em que vivemos nossa fé (1Pe 1.13-19). Alvos simples e direcionados à prática que lidam com o problema podem ser notavelmente proveitosos para retirar alguém de um nevoeiro.

Estabelecer alvos exige algum trabalho de preparação da parte do pastor, visto que as pessoas em meio ao problema frequentemente não podem resolvê-lo por si mesmas. Mas tenha uma coisa em mente: alvos devem envolver somente aquilo pelo que um aconselhado é diretamente responsável. Não devemos estabelecer alvos que sejam dependentes de outros fatores. Portanto, em vez de estabelecer um alvo para um marido indigno ter um casamento melhor na semana seguinte (o que seria também dependente de sua esposa), estabeleça como alvo que ele confesse seu pecado e peça perdão à esposa. Em vez de estabelecer um alvo para uma pessoa deprimida se sentir mais esperançosa em duas semanas, estabeleça como alvo coisas que ela poderia controlar mais diretamente, como alimentar-se da Bíblia, servir ou ajudar os outros.

Concluindo a sessão

Assim como no primeiro encontro, terminaremos por oferecer esperança, designar o trabalho de casa, estabelecer expectativas para as reuniões seguintes e orar em favor dos aconselhados. Às vezes, é bom levá-los a fazer um resumo do que aprenderam no encontro. Antes de terminar, você pode perguntar: "Você pode mencionar duas coisas que aprendeu deste nosso encontro?" Não desanime se o que eles viram ou ouviram não foi o que você esperava que entendessem. Este momento de resumo provê também outra oportunidade para lembrar às pessoas as glórias de Cristo e a perspectiva de Deus quanto a situação. Portanto, se faltar algo importante no resumo deles quanto à reunião, tome um momento para instruir e encorajar pacientemente.

Concluiremos este capítulo com algumas considerações práticas. Primeiramente, uma palavra sobre determinar bem a frequência do aconselhamento. Problemas urgentes precisarão de mais atenção na parte inicial do processo de aconselhamento, geralmente sessões semanais. Se uma pessoa o chama ameaçando suicidar-se, você deixará tudo de lado e a atenderá imediatamente. Problemas que não são tão urgentes podem ter atendimentos mais esparsos. Um membro de igreja, que sofre de uma enfermidade crônica e que durará por longo tempo, pode precisar de um único encontro mensal para ser encorajado e manter uma perspectiva piedosa. Determinar bem a frequência dos compromissos de aconselhamento vem com experiência e conhecimento das pessoas a quem você serve.

Se possível, dê às pessoas tempo suficiente para estudarem, orarem, falarem com amigos e trabalharem nas coisas entre as sessões. Permita que elas mostrem que estão levando a sério as conversas de aconselhamento e dispostas a implementar o que aprenderam. Agendar encontros muito frequentemente pode não deixar tempo apropriado para implementar mudança.

Duas maneiras pelas quais o aconselhamento pode se tornar excessivamente incômodo para o pastor são quando ele consome tempo demais e quando consome esforço demais. No que diz respeito ao tempo, o pastor deve ter cuidado para que seu aconselhamento não substitua seu tempo de preparo para pregação. Às vezes, a culpa conduz a isso; às vezes, o temor. Pessoas precisam de você, que não quer deixá-las desapontadas. Embora o que tenhamos dito no capítulo de abertura seja verdadeiro – é realmente necessário cuidar das ovelhas –, você não deve permitir que as demandas do ministério pessoal da Palavra substituam o labor necessário no ministério público da Palavra. Isto exige sabedoria, pois haverá crises semanais em que você terá de subir ao púlpito com menos horas de preparação do que precisava. Mas, se você estiver subindo consistentemente ao púlpito sem preparo adequado, isto será, a longo prazo, prejudicial ao povo de sua igreja. Não tenha medo de dizer não para indivíduos, a fim de dizer sim à congregação.

No que diz respeito ao esforço, quando você se reunir com pessoas no decorrer do tempo, seja cuidadoso para não fazer a maior parte do trabalho no aconselhamento. Considere o que chamamos regra 80/20. A pessoa que você está ajudando precisa ser responsável por oitenta por cento do trabalho em qualquer sessão de aconselhamento recebida, na qual você orienta o aconselhado com boas perguntas, alguns textos das Escrituras e conselho apropriado. Em geral, crentes menos maduros precisarão de mais ajuda do pastor na sessão, bem como ensino ou conselho. E você deve servi-los alegremente desta maneira. Todavia, como dissemos sobre uma pessoa que não realiza a tarefa de preparação, você encontrará pessoas que vão às sessões apenas para lastimarem-se de seu problema e não para trabalharem nele. Elas respondem às perguntas com "Não sei", ou "Não me importo", ou "Eu não quero". Nestas situações, uma conversa franca sobre quem deve fazer o trabalho árduo se faz necessária. Você aprenderá a diferença entre pessoas que estão verdadeiramente feridas e incapazes de prosseguir e aquelas que não estão dispostas.

PERGUNTAS QUE VOCÊ DEVE TER EM MENTE, EMBORA NÃO PROFERI-LAS NECESSARIAMENTE NA SESSÃO DE ACONSELHAMENTO

- Esta pessoa é salva? Ela entende o evangelho? Se não, o que posso fazer para ajudá-la a crescer no entendimento do evangelho? Se esta pessoa não é um cristão como isso deve reger o meu conselho?
- Quais são as formas e os contornos da fé deste indivíduo? Como a fidelidade se manifesta nas circunstâncias dele?
- Onde vejo sofrimento na vida desta pessoa? Ela tem uma visão bíblica de sofrimento ou sua visão é distorcida pelo mundo?
- Onde vejo pecado na vida deste homem? Ele o vê ou é cego para seu pecado?
- Contra o que esta mulher pecou? A reconciliação é possível? Como posso ajudá-la a ver o caminho para a reconciliação?
- Há quaisquer sinais de esperança nesta situação? Quais são as evidências da graça de Deus na vida desta pessoa?

CAPÍTULO SEIS

O ENCONTRO FINAL

Terminar é geralmente a parte mais árdua de um trabalho de construção, e não porque as tarefas são mais difíceis. É mais árduo porque, depois de tanto esforço realizado consultando as plantas, lançando os fundamentos e dando forma à casa, o construtor tem de permanecer motivado a dar os pequenos passos necessários para uma ótima aparência no acabamento da estrutura. Qualquer um que teve de fazer o acabamento e uma camada de pintura final depois de semanas de construção sabe disto. Terminar bem exige esforço, mesmo de um pastor que já deu tanto. A maior parte do trabalho já ficou para trás. Apenas um pouco mais será útil para garantir que o já realizado permaneça realizado.

Portanto, ao considerar a última sessão, apresentaremos dois elementos que constituem o término do aconselhamento e a transição para o cuidado regular da igreja: (1) reveja os principais temas do aconselhamento; (2) planeje o cuidado regular. Mas, antes de desenvolvermos os dois passos simples da sessão final, consideremos alguns indicadores básicos de que o processo de aconselhamento chegou ao fim. Como um conselheiro sabe quando deve concluir?

Quando terminar

A decisão de terminar o processo de aconselhamento é às vezes bastante clara, mas não frequentemente. Você talvez já esteja ciente, com alguma inquietude, de que nem todos os problemas foram resolvidos. Você sentirá a necessidade de mais crescimento ou o desejo da pessoa no sentido de que o aconselhamento prossiga regularmente. Mas estas não são razões adequadas para perpetuá-lo. Quando terminar o aconselhamento é sempre um julgamento que exige sabedoria. É melhor formar a decisão com alguns critérios claros. Começaremos com indicadores positivos de quando terminar o aconselhamento; depois, avançaremos para alguns indicadores menos prazerosos.

Sinais positivos

Os aconselhados entendem seus problemas e estão capacitados a lidar com eles. O melhor indicador para o término do aconselhamento é que os indivíduos foram adequadamente capacitados para reagir com fé aos seus problemas e mostram um padrão constante de estarem fazendo isso. Talvez um benefício disto seja também que os sintomas foram amenizados: a depressão inicial já não é tão grave; o marido e a mulher se reconciliaram e reconstruíram sua confiança; o rapaz enredado em pornografia teve uma considerável suspensão de seu pecado sexual. A pressão do problema original não está mais causando danos à vida. Por isso, eles não sentem mais a necessidade de se encontrarem para aconselhamento. E, visto que você os ama, não sente também a necessidade de continuar se reunindo com eles.

No decurso de seu cuidado por eles, o cuidado de outra pessoa emerge como mais eficiente. Se você está aconselhando no contexto da igreja local, estará utilizando outros casais ou indivíduos para acompanhar o aconselhado. Frequentemente, estes outros indivíduos se tornam mais eficientes do que você em abordar as questões do coração do aconselhado. Isto não é uma ameaça à sua posição como pastor; em vez disso, é uma característica da igreja que funciona bem. O fato de que outros demonstram uma capacidade ou têm um discernimento que você não tem deve alegrá-lo. Se você acha que este é o caso em seu aconselhamento, talvez seja melhor transferir o aconselhado para o cuidado de outros. Mas assegure-se de manter a supervisão pastoral desse cuidado.

Sinais negativos

Infelizmente, nem todo aconselhamento termina com uma conclusão positiva. Às vezes, outras razões compelem a transição para outros conselheiros ou outros tipos de cuidado.

As coisas parecem não estar mudando. Você tentou ajudar as pessoas por um tempo, e as coisas parecem não estar indo a lugar algum. Elas se esforçaram para fazer as mudanças, mas o problema como o qual eles começaram ainda prevalece. Talvez esteja até piorando. Isto pode ser proveniente de falta de discernimento ou habilidade de sua parte ou pode resultar de dureza de coração, ignorância ou outros fatores da parte deles. Geralmente, é um pouco de ambos. Mas o fato é que nada parece estar fazendo diferença. Esse é um bom tempo para considerar o encaminhamento para alguém que seja capaz de fazer mais do que você. Falaremos mais sobre isto no capítulo seguinte.

Eles não estão interessados em agir. Você terá situações de aconselhamento em que os aconselhados usarão o encontro basicamente para reclamar, fofocar e lamentar. Mas, quando se tratar de estudar a Escritura, examinar os motivos de coração, confrontar o pecado ou enfrentar suas próprias desconfianças, eles simplesmente não desejarão fazê-lo. Estas pessoas esperam que você faça o trabalho difícil nas sessões. Mas não queremos servir nosso povo por satisfazer, de um lado, seu senso de "fazer algo" quanto ao problema por virem ao aconselhamento, quando, por outro lado, recusam-se a fazer realmente *alguma coisa*. Não deixe as pessoas enganarem a si mesmas pensando que estão realizando esforço quando não estão. Se não fazem as tarefas ou trabalhos de preparação e não estão interessadas em responder às perguntas formuladas, para o próprio bem delas o aconselhamento precisa ser terminado. Deixar as pessoas pensarem que estão ajudando a si mesmas por virem aos encontros de aconselhamento, quando,

de fato, seu coração permanece intocável, é deixá-las envolver-
-se em um tipo de autoengano.

Eles não confiam em você. Haverá situações em que seus enganos serão dolorosamente evidentes. Talvez você complicou as coisas por falar sobre um assunto sem entendê-lo ou por responder-lhes com frustração evidente. Esqueceu os compromissos com eles ou foi incapaz de encaixá-los em sua agenda com frequência razoável. O fato é que eles perderam a confiança em você – ou por sua falta ou pelas expectativas irrealistas deles. Em qualquer caso, pessoas não seguirão sua orientação se não confiam em você, e isso significa que é tempo de terminar o aconselhamento. Se não estão dispostas a confiar no conselho de ninguém mais da igreja, talvez seja tempo de considerarem mudar para outra igreja.

Precisam de mais ajuda do que você pode oferecer. O problema deles é tão intenso que precisam de mais tempo e mais especialidade do que você tem para oferecer. Você gostaria de dispor de mais tempo para gastar com eles, mas suas outras responsabilidades se tornariam impossíveis, uma vez que seus aconselhados precisariam de mais do que apenas uma conversa de uma hora por semana. Por exemplo, transtornos alimentares podem ficar tão descontrolados ao ponto de que a pessoa necessite de cuidados diários. Ou talvez você gostaria de ter tido mais capacidade para conhecer os aspectos de um problema específico. Mas você não tem o discernimento, o conhecimento técnico ou o tempo necessários para lidar com tal complexidade.

Ora, parte do propósito desta cartilha é convencê-lo de que o limite daquilo com o que você pode lidar está bem mais adiante do que você geralmente imagina. Não obstante, também é necessário reconhecer que certos problemas têm se tornado tão espiritualmente complexos ou tão psicologicamente intrincados que você deve recorrer a alguém que tenha maior capacidade ou especificidade. O alvo não é enganar as pessoas; antes, é conseguir para elas a ajuda de que necessitam.

Não se sinta um fracasso se você tiver de encaminhá-las para outra pessoa da igreja (outro pastor ou outro crente mais maduro) ou para alguém de fora da igreja (um conselheiro profissional ou um médico de sua comunidade). Às vezes, a melhor maneira de pastorear as pessoas é não continuar você mesmo a obra, mas indicar-lhes a direção certa – recomendá-las para alguém que lhes possa oferecer o tempo e a atenção de que necessitam. Falaremos mais sobre recomendação ou encaminhamento no último capítulo.

Independentemente de qual destes sinais se aplica à sua situação, cada um deles é um bom revelador de que você deve terminar o aconselhamento por sugerir um encontro final. Algumas pessoas ficarão mais do que felizes pelo fato de que o aconselhamento acabará. Outras ficarão alarmadas. Para elas, um encontro final parece-se com um assassinato. Elas querem que o aconselhamento continue por muito mais tempo do que é necessário, talvez até argumentando com você sobre como precisam de mais ajuda. Não permita que as armadilhas e pressões de pessoas extremamente necessitadas determinem a quantidade e duração de seu aconselhamento. Ouça com humildade as preocupações delas; ore sobre o assunto; e, depois, determine o que é melhor.

Demonstrando humildade e coragem diante do fracasso

No aconselhamento, quando as coisas se saem precariamente, pode ser uma boa oportunidade para considerar por que elas não deram muito certo. Primeiramente, como pastor, seja suficientemente humilde para ouvir as críticas. Você colocou pressão excessiva sobre o marido para que ele mudasse, apenas para descobrir que a esposa estava ocultando segredos de você? Sua aplicação das Escrituras foi superficial? Você se mostrou inclinado a frustração com eles?

Como pastor deles, você precisa também ser suficientemente corajoso para ter conversas sérias a respeito de por que as coisas não deram certo. Os aconselhados foram tão orgulhosos e tão prontos a culpar os outros que as coisas só mudariam se estivessem dispostos a se arrepender e a assumir a responsabilidade pelo problema? Você deu conselhos espirituais que eles rejeitaram? Estavam dando lugar a temores, ou sendo negligentes em seu tratamento dos outros, ou dando-se ao mundanismo? Às vezes, você será a única pessoa a dizer as duras coisas que são necessárias para fazer a diferença na vida deles – e a única pessoa que fará isso com a graciosidade que lhes mostra que seu motivo supremo é o amor.

Elementos da sessão final

As duas partes da sessão final incluem, primeiramente, rever os principais temas sobre o que Deus fez durante todo o processo de aconselhamento; em segundo, confiar as pessoas aos ministérios e ao cuidado regulares da igreja.

Devemos mencionar aqui que tanto você quanto o aconselhado devem ficar cientes, antes de seu encontro final, de que a próxima sessão de aconselhamento será a última. Se você deixa para comunicar este fato às pessoas no último encontro, elas tendem a ficar alarmadas. Informar-lhes antes da sessão final lhes mostrará que esta é uma decisão ponderada, considerada com atenção no contexto de um plano.

Reveja os principais temas do aconselhamento

À semelhança do parágrafo final de muitos ensaios bem escritos, a sessão final de aconselhamento deve resumir os principais temas de seu aconselhamento. Há uma função positiva e negativa neste resumo – mais especificamente, elogio e advertência.

Elogio. Positivamente, você elogia e até celebra a obra do Senhor na vida das pessoas. Enfatize as mudanças positivas nas *respostas* deles ao problema, mais do que quaisquer mudanças positivas no próprio problema. Isto ajuda a manter a ênfase no andar deles pela fé em meio a circunstâncias mutáveis. Você está fazendo uma estimativa do que Deus fez no coração de alguém. Isto envolve tanto elogiar o aconselhado por respostas novas e fiéis quanto reconhecer tais respostas como a obra interna de Deus (Fp 2.12-13).

Para realizar isto, faça perguntas que levam a pessoa a refletir sobre a sua vida:

- O que Deus lhe ensinou?
- Onde você estava quando começou o processo de aconselhamento?
- Como você percebeu que suas respostas ao problema mudaram no decorrer do aconselhamento?
- Em que momento a esperança se introduziu no processo?
- Quando foi que você ficou mais desencorajado?
- Você confia mais em Deus agora do que confiava no início?
- Que lições você aprendeu da Palavra de Deus?
- O que você entende a respeito de si mesmo, do caráter de Deus, da redenção e de sua própria santificação que não entendia antes?

Você faz estas perguntas não para se sentir bem em relação à sua orientação pastoral, mas para exaltar a bondade de Deus manifestada durante o tempo de lutas da pessoa. Está dando graças a Deus, e isso é uma parte vital da mudança (Cl 3.15-17).

Na tentativa de sobreviver, pessoas tendem a perder a perspectiva do todo, por causa de sua preocupação com sentimentos ou situações imediatas. A maior parte do tempo, pessoas tendem a se focalizar em seus erros e fracassos mais do que em sua obediência. Ainda que a fé seja frequentemente pequena e hesitante, como pastor, você a fomenta por meio de grata apreciação da presença de Deus na vida deles. Você está convidando a pessoa a olhar para além de suas preocupações imediatas e a contemplar o horizonte de tudo que Deus tem feito.

No entanto, talvez não haja muito a elogiar positivamente. Talvez esta seja a sessão final por causa de uma das razões desagradáveis que mencionamos antes. Neste caso, use o tempo para falar do plano de mudança de Deus, a longo prazo, para aqueles que são verdadeiramente dele. O fato de que esta estação não produziu uma colheita não significa que nada foi alcançado. Talvez este foi o tempo de plantar novos discernimentos bíblicos ou de regar velhos discernimentos bíblicos. Você sempre pode louvar a dedicação do Senhor em completar qualquer obra que ele começa (Fp 1.6).

Advertência. Raramente, tudo está resolvido no final do aconselhamento. Até mudanças positivas dos aconselhados ainda estão em sua infância e amadurecerão com o passar do tempo. A vida não é inerte. O pecado e o sofrimento têm consequências que se estendem até ao futuro (Gl 6.6-7). As pessoas precisarão manter vigilância sobre sua alma. Como pastor, seu trabalho é capacitá-las a fazer isso. Portanto, temos a segunda função ao rever os principais temas do aconselhamento: advertir as pessoas quanto às armadilhas.

No decorrer do aconselhamento, você ajudou as pessoas a considerarem as diferentes dinâmicas do pecado e do sofrimento que atribulavam suas vidas. Coloque isto de novo sobre a mesa, reveja as promessas e mandamentos bíblicos pertinentes e lembre-lhes o plano de ação. Por exemplo, um homem está lutando contra o uso de pornografia; então, lhe pergunte o que ele faria se os relacionamentos de prestação de contas desaparecessem e se a culpa e a vergonha de fracassar o pressionassem outra vez. Diga-lhe o que deve fazer se quer procurar casamento com determinada moça. Ou considere a viúva entristecida que gastou horas e meses com você, trabalhando lenta e deliberadamente para vencer a tristeza. As nuvens sombrias desapareceram, e ela está de novo envolvida com outras pessoas e gastando seu tempo com a Palavra. Você desejará ajudá-la a considerar o que fazer quando aqueles momentos tristes retornarem, como ela pode se relacionar com seus filhos adultos dali para frente e o que fazer se desejar casar-se de novo.

Nestes exemplos, você está tentando reforçar os princípios bíblicos e as estratégias práticas para lidar com situações futuras que podem tentar pessoas a retornarem a antigos padrões de reação. Estas advertências devem ser cheias de esperança, mas solenes, como tão bem o demonstra o escritor de Hebreus. No capítulo seis, depois de fazer o que poderia ser a mais espantosa advertência de toda a Escritura, ele continua: "Quanto a vós outros, todavia, ó amados, estamos persuadidos das coisas que são melhores e pertencentes à salvação, ainda que falamos desta maneira" (v. 9). Em seguida, ele elogia as evidências da graça na vida desses crentes. Como pastor, você está apenas imitando a abordagem do autor bíblico: advertência solene no contexto de apreciação calorosa.

Planeje cuidado regular

Uma vez que você tenha revisto os principais temas, de uma maneira que aprecie a mudança positiva e advirta quanto a retornar aos velhos padrões, apresente um plano simples quanto ao que significa para o aconselhado retornar aos meios regulares de cuidado no corpo da igreja. Quando o processo de aconselhamento termina, os pastores não ficam nas linhas de frente dos problemas tratados, mas confiam as pessoas aconselhadas à provisão dos meios de graça regulares que Deus provê para seus filhos. Aqui, devemos pensar nos ministérios públicos, pessoais e privados da Palavra.

Ministérios públicos da Palavra. Nunca deixe os aconselhados ignorarem o poder da Palavra de Deus pregada e ensinada. Isto significa fazer dos ministérios públicos da Palavra uma parte explícita do cuidado permanente para com eles. Não presuma isto; lembre aos aconselhados o poder de receberem e meditarem na Palavra ministrada pelos pastores da igreja. Se alguém que deseja crescer na graça não prioriza o ajuntamento público de crentes, seu crescimento será comprometido (Hb 10.23-25). Como pastor, você pode ter mais confiança para terminar o aconselhamento quando sabe que a alma da pessoa será nutrida semanalmente à medida que ela continua a receber o ensino público da Palavra de Deus na igreja.

Ministérios pessoais da Palavra. Considere os meios de comunhão e cuidado mútuos em sua igreja e faça o melhor uso deles. Você pode pensar no ministério pessoal formal e informal. O ministério formal inclui um pequeno grupo, no qual reuniões regulares ao redor da Palavra acontecem com o propósito de cuidado mútuo e encorajamento. Ajude os aconselhados a conhecer o papel que os pequenos grupos desempenham no cuidado contínuo deles.

Um exemplo na esfera de ministério informal pode ser uma boa amizade na igreja. Desde a primeira sessão, o pastor deve indagar sobre os relacionamentos do aconselhado dentro da congregação. Durante o processo de aconselhamento, o alvo é assegurar-se de que a pessoa cresça mais conectada ao corpo da igreja, para que, ao terminar o aconselhamento, o pastor possa ter confiança de que outros na igreja continuarão a investir na vida do aconselhado. Relacionamentos de amor redentores são vitais para o crescimento cristão e podem servir como uma rede de segurança quando as coisas não vão indo bem.

Amigos ou membros de pequenos grupos desejarão conversar com o pastor sobre o que devem fazer se novamente surgirem problemas significativos. O melhor plano é simplesmente tê-los com você, se houver fracasso permanente ou resistência da parte do aconselhado. Isto exigirá envolvimento pastoral direto. Mas, quantos aos altos e baixos regulares da vida, o cuidado do corpo é mais eficiente do que podemos imaginar.

Ministérios privados da Palavra. Quando o aconselhamento se aproxima do final, o pastor deve considerar qual tarefa de casa final ele pode dar ao aconselhado. O alvo é ajudar a pessoa a buscar a Cristo consistentemente em devoções particulares, de modo que a Palavra tenha outra oportunidade de fazer sua obra (Is 55.10-11).

Você deve pensar tanto em relação às Escrituras como a outras fontes. No que diz respeito à Escritura, talvez o aconselhado se beneficie de uma lista de textos bíblicos que deve considerar durante semanas ou meses à frente. Você poderia também dar-lhe perguntas básicas a serem feitas ao texto e a si mesmo, as quais o ajudarão a manter um foco apropriado em sua leitura bíblica. No que diz respeito a outras fontes, pode haver um bom livro ou artigo que pode ser lido como um meio de continuar refletindo sobre como os princípios se aplicam às lutas dele.

Tenha em mente o fato de que, ao recomendar planos de leitura da Bíblia assim como outras fontes, você não precisa limitar seu foco aos temas que você abordou no aconselhamento. Os cristãos sempre se beneficiam por crescerem no conhecimento de Deus e de seu caráter. O objetivo é ajudar pessoas a conhecerem a Deus por meio de sua Palavra. Este é sempre o melhor plano de longo prazo para discipulado cristão.

Se os aconselhados tiverem lidado com sérias ideações suicidas ou outras manifestações de aflição mental extrema no passado, lembre-os de imediatamente procurar ajuda se os experimentarem novamente. Incentive-os também a procurar você ou uma pessoa designada da igreja, de modo que a igreja possa cuidar deles em qualquer tempo de dificuldade pelo qual possam passar.

Depois que você tiver apresentado o plano de cuidado regular, assegure-se de orar. Não deixe as coisas terminarem sem colocá-las perante o trono da graça e de lembrá-los da esperança que têm em Cristo. Use esta oração final para recapitular as coisas tratadas na última sessão e durante todo o seu tempo. Esta oração de encerramento os ajudará novamente a ver como a graça do Senhor é muito maior do que os problemas deles e como Deus está operando especificamente em sua vida.

Conclusão

Sempre deixe a porta aberta no final. Isto não é necessariamente uma promessa de mais aconselhamento, mas, antes, de dedicação para vê-los continuando a crescer por qualquer meio que o Senhor usar. Seja claro a respeito de suas expectativas para o futuro, especialmente sobre o seu papel depois que o aconselhamento terminar. Não se torne inacessível a eles. Você deve receber bem uma conversa casual depois de um culto ou um telefonema ocasional como parte de seu cuidado contínuo. Frequentemente estas conversas são as pequenas proteções que ajudam as pessoas a permanecerem no curso.

E, às vezes, você pode até considerar tais conversas como uma proteção para si mesmo. Deus pode usar estas conversas para lembrá-lo de que ele está trabalhando mesmo quando você não está.

PARTE TRÊS

CONTEXTO

CAPÍTULO SETE

NUNCA TRABALHE SOZINHO: RUMO A UMA CULTURA DE DISCIPULADO

Bem, aí está. O processo de trabalhar num problema de alguém está completo. Mas o que não está completo é a nossa visão do contexto mais amplo desse cuidado. Se o aconselhamento do pastor fosse tudo que há no processo de mudança, você deveria se preparar para desistir do hábito de dormir toda noite. Se trabalhasse como se o bem-estar espiritual de cada membro da igreja dependesse diretamente de você, sucumbiria, por fim, debaixo de um fardo insuportável. Em sua sabedoria, Deus designou a tarefa de discipulado não a um único homem, nem mesmo a um grupo de homens, mas a toda a igreja.

Nestes dois capítulos finais, queremos examinar como a igreja e os recursos de sua comunidade podem ajudar pessoas nos problemas da vida. Neste capítulo, estamos nos movendo da visão mais estreita para a visão ampla, da sala de aconselhamento pastoral para a igreja como um todo. No capítulo seguinte, observaremos que a visão ampla também nos mostra o panorama de recursos disponíveis; a igreja está localizada numa comunidade que tem médicos, conselheiros e outros recursos paraeclesiásticos. Portanto, neste capítulo, enfatizaremos a importância de nunca trabalhar sozinho e formar uma cultura de discipulado em sua congregação. E, no capítulo seguinte, ofereceremos orientação quanto a usar sabiamente os recursos médicos, profissionais e paraeclesiásticos.

Uma cultura de discipulado

Definir uma cultura é uma tarefa complicada, mas, se você já experimentou o que é descrito como choque cultural, tem um bom ponto de referência para entender o que realmente é uma cultura. Quando um rapaz da cidade se muda para o interior, pode experimentar uma monotonia depressiva de ver apenas um punhado de pessoas neste novo ambiente de área rural extenso e sossegado. Suas expectativas de um mundo repleto de pessoas e de barulho restarão insatisfeitas. Ele está fora de sua cultura.

Uma cultura é um conjunto de crenças, valores e práticas compartilhadas. Assim como toda comunidade tem uma cultura, assim também toda igreja tem uma cultura. Compartilhamos expectativas coletivas, e cada membro de uma comunidade contribui para elas. Portanto, todo membro de sua igreja é um fomentador de cultura. Tudo que os membros dizem e fazem, as coisas que valorizam, o dinheiro que gastam, as maneiras como mostram amor ou vencem o descontentamento, suas esperanças, suas escolhas de vida na escola e no trabalho – todas essas coisas formam a cultura de sua igreja.

No entanto, como pastor, você é o formador primário da cultura da igreja. Porque você prega muito frequentemente, suas crenças e valores são muito mais influenciáveis em conduzir a cultura da igreja. O que é importante para você define, geralmente, o que é importante para a igreja. Esta influência é um privilégio solene (Hb 13.7).

Portanto, como pastores, somos compelidos a nos perguntar o que realmente é importante para nós. Por que estamos no ministério em vez de em outro lugar? Sabemos que a resposta final é para glorificar a Deus, mas por que meios? Sermões eloquentes? Desenvolver influência pública? Uma congregação estável e expansível? Estes podem ser *meios* aceitáveis, mas são *valores* insuficientes. Fazer discípulos é a maneira de glorificar a Deus. Esta tarefa deve integrar a parte mais profunda do sistema de valores de um ministro. E isto deve ser irradiado por ele como um valor que o seu povo deve compartilhar.

O que você espera dos membros de sua igreja? Discipular é uma expectativa normal em sua igreja, uma prioridade de vida ou morte? A Escritura deixa claro que fazer discípulos é uma tarefa de pastores e de membros da igreja. Na noite anterior à sua morte, Jesus disse a seus discípulos o que deveria caracterizar esta nova comunidade pactual que ele estava estabelecendo: "Novo mandamento vos dou: que vos ameis uns aos outros; assim como eu vos amei, que também vos ameis uns aos outros. Nisto conhecerão todos que sois meus discípulos: se tiverdes amor uns aos outros" (Jo 13.34-35). Cristo ordenou aos membros da comunidade da nova aliança que compartilhem uns com os outros o amor que ele compartilhou com eles.

Paulo toma este mandamento central e o aplica à vida da igreja: amor, em palavras e atos, é o meio pelo qual cada membro da igreja edifica o todo. "Mas, seguindo a verdade em amor, cresçamos em tudo naquele que é a cabeça, Cristo, de quem todo o corpo, bem ajustado e consolidado pelo auxílio de toda junta, segundo a justa cooperação de cada parte, efetua o seu próprio aumento para a edificação de si mesmo em amor" (Ef 4.15-16). Ser edificado em Cristo significa ser moldado como um discípulo.

Portanto, o discipulado exige membros que labutam em favor uns dos outros em amor. Todo cristão é obrigado a amar os outros no esquema de discipulado de Deus – que inclui labores práticos como o dedicar-se aos outros (Rm 12.10), honrar e aceitar os outros (15.7), instruir os outros (15.14), ser compassivo e pronto a perdoar (Ef 4.32) e encorajar (1Ts 5.11). Isto é trabalho árduo. Trabalho glorioso.

Embora seja trabalho árduo, ou talvez *especialmente* porque seja árduo, um pastor não pode ser tímido quanto à visão de discipulado do Novo Testamento que envolve participação ativa de todos os membros da igreja. Essa visão ofende as expectativas consumistas comuns a respeito da igreja: "Dou dinheiro à igreja, e a igreja me dá o que eu quero

– e somente o que eu quero". "O que eu quero é bom ensino que me ajude em minha vida e um pastor que me ajude a lidar com os meus problemas".

Talvez até mais ofensivo do que frustrar as expectativas das pessoas a respeito da igreja é desconcertar as suas profundas suposições acerca dos relacionamentos em geral: "O meu negócio é meu, e o seu é seu. Cada um no seu quadrado!" Mas, se você examinar as Escrituras em referência à doutrina da privacidade pessoal, não achará muito material para criar tal sentimento. Isto é incômodo para as pessoas. Portanto, criar uma cultura que confronta esta mentalidade exige paciência e habilidade.

Por favor, entenda: você *não* está pedindo a seu povo que viva sem direitos de propriedades, como se todos na igreja tivessem direito a todas as coisas dos outros. Viver num mundo caído exige que vistamos roupas. Só confiamos coisas pessoais acertadamente a pessoas dignas de confiança. Nosso argumento é que você deve estar edificando pessoas dignas de confiança que estão tanto dispostas quanto capacitadas a ajudar outros quando problemas vêm.

Devemos nos esforçar para fazer da igreja um lugar onde é difícil alguém conseguir ser anônimo ou inativo. Queremos que a pressão saudável da Palavra pregada e dos relacionamentos cristãos impactem a vida do crente. Em outras palavras, seu povo deve saber que discipulado ativo é uma expectativa de sua igreja. Pergunte a si mesmo com regularidade: estou liderando minha igreja com caráter semelhante ao de Cristo – amor, serviço, esperança e autossacrifício – de tal modo que discipular uns aos outros é normal e esperado?

Expectativas cruciais a enfatizar

Gostaríamos de oferecer algumas sugestões que respondem bem a esta demanda. Nosso conselho não será primariamente organizacional, ainda que ofereceremos algumas dicas práticas. Criar uma cultura de discipulado não é primeiramente criar programas, classes, grupos ou outros tipos de reparos estruturais na vida da igreja. Certamente, programas de mentoreamento podem conectar cristãos mais velhos e mais sábios com cristãos mais jovens e menos maduros. Pequenos grupos podem edificar relacionamentos mais íntimos com outros crentes. Classes de escola dominical baseadas em faixa etária podem oferecer instrução específica para várias situações da vida. Grupos de apoio podem cuidar de membros em certos estágios (recém-casados, pais novatos) ou problemas da vida (divórcio, depressão). Todas estas estruturas podem ser proveitosas. Mas uma cultura de discipulado pode florescer sem elas.

Não estamos dizendo isto porque essas realidades estruturais sejam inúteis – as nossas igrejas oferecem todas estas estruturas. Mas, se descobrirmos que falharam em promover o discipulado, estamos dispostos a descartá-las. Discipulado, como já estabelecemos, significa amar uns aos outros por falarmos e vivermos juntos de acordo com a Palavra de Deus.

Uma cultura de discipulado significa que os membros não têm de se matricular em qualquer coisa ou obter permissão para amarem uns aos outros. É uma cultura de igreja em que é normal os membros tomarem a iniciativa de amar uns aos outros e fazerem bem espiritual uns aos outros. Esta cultura eclesiástica não é um programa, mas algo que flui normalmente na vida da igreja. Como pastor, você não pode *fazer* os membros seguirem ativamente uns aos outros em amor, mas pode estabelecer expectativas que promoverão isso. Apresentamos três expectativas que você colocará regularmente diante de sua congregação para fomentar uma cultura de discipulado.

Membresia

Esta primeira expectativa pode parecer estranha a muitos pastores, mas a membresia é a expectativa mais importante do discipulado. A membresia de igreja é menos parecida com pertencer a um grupo social, ou ao clube local, ou a um grupo de leitura, e mais parecida com um casamento. O casamento é um compromisso pactual. Um marido e uma mulher se comprometem um com o outro, e o resultado desse compromisso é um relacionamento vitalício de amor e autossacrifício. A membresia de igreja é semelhante. Na igreja, um grupo de crentes se reúne regularmente por causa de seu compromisso com Deus e uns com os outros.

Quando um crente se une a uma igreja, recebe mais do que o cartão de membresia. Ele recebe o compromisso de outros crentes com seu bem espiritual e se compromete com o deles. Uma pessoa que se une a uma igreja não deveria se sentir tranquilo em ser apenas um membro domingueiro. Ela está assumindo um compromisso de renúncia ao seu individualismo. Membresia significa compromisso com a igreja como um todo. Esse compromisso fundamental é fazer discípulos. Membresia significativa faz diferença.

Quando pessoas se unem à sua igreja, deixe claro para elas a conexão entre membresia e discipulado. Explique sua expectativa quanto ao discipulado de possíveis novos membros. Em sua classe de novos membros, diga às pessoas que o discipulado é uma parte do que significa fazer parte de sua igreja. Pergunte-lhes pessoalmente: "Você está disposto tanto a ser um discípulo quanto a discipular outros?"

Você também deve deixar claro ao seu povo a conexão entre membresia e *disciplina*. Esta palavra evoca sentimentos desagradáveis – e com justiça, porque até a Escritura reconhece que a disciplina é necessariamente desagradável (Hb 12.11), a fim de realizar seu bendito propósito: "fruto pacífico aos que têm sido por ela exercitados, fruto de justiça". A disciplina eclesiástica significa apenas membros de uma igreja amando uns aos outros por confrontarem padrões de pecado que destroem e corrompem a igreja (Mt 18.15-20; 1Co 5.1-5). Como todo amor real, a disciplina eclesiástica odeia o que é mau e ama o que é bom, por tratar uns aos outros tanto com paciência quanto com honestidade em relação ao pecado (Rm 12.9-21). A disciplina eclesiástica é mais do que sua expressão final de excomunhão; é uma parte da vigilância regular que os membros têm pela alma uns dos outros.

O aconselhamento pode ser uma parte desta vigilância regular. Os membros que buscam aconselhamento devem entender desde o começo que, como um ministério de disciplina, o aconselhamento é uma parte da responsabilidade mais ampla da igreja. O aconselhamento, portanto, é um lugar seguro para aqueles que lutam contra o pecado, ainda que fracassem constantemente nessa luta. Mas o aconselhamento não é um lugar seguro para aqueles que continuam espontaneamente em padrões evidentes de pecado, dos quais eles não se arrependem. A linha entre luta genuína e arrependimento nem sempre é clara. (Graças a Deus pela sabedoria compartilhada em uma equipe de presbíteros ou em um corpo de pastores!) Visto que não temos o discernimento imediato do Espírito Santo, a paciência e a responsabilidade cheia de esperança, com padrões claros e razoáveis, são a melhor maneira de testarmos a longo prazo a trajetória de alguém nessa linha. Nossa insistência em disciplina visa apenas que a responsabilidade com a igreja não seja colocada em cheque na porta da sala de aconselhamento; e isto é para o bem do aconselhado e da igreja em geral.

No aconselhamento pastoral, a ameaça de disciplina eclesiástica deve sempre estar na mente do aconselhado, agindo como algo que detém o pecado obstinado. É um dia triste e sério aquele em que um membro é excluído da comunhão da igreja, mas entendemos que a disciplina eclesiástica é um passo vital de responsabilidade para com a alma de uma pessoa.

Equipando

Em segundo, seu povo deve esperar ser equipado *por você* para a tarefa de fazer discípulos. Você equipa seu povo primariamente por duas maneiras: ensino e modelo.

Os pastores devem ensinar discipulado como o belíssimo plano de Cristo para o benefício de sua igreja. Somente quando os membros virem esta beleza por si mesmos nas páginas da Escritura, acharão a motivação espiritual para obedecer. Os pastores podem motivar seu povo a fazer discípulos por levar as pessoas a se sentirem culpadas ou por apelar ao orgulho delas. Essa motivação não é digna da noiva de Cristo. Para conseguir que as pessoas ajam de acordo com a instrução da Bíblia, as pessoas devem crer nessa instrução. E, para crerem nessa instrução, as pessoas precisam ser instruídas pela Bíblia, constantemente.

Não estamos querendo dizer que todo ensino público deve ser sobre o tema de fazer discípulos. Antes, queremos que você pense nesse tema como um fio que permeia seu ministério de ensino, como faz toda a instrução do Novo Testamento para a igreja. Ensine regularmente expectativas quanto a fazer discípulos para *todos* os membros atuais de sua igreja. Isto pode ser feito durante os sermões de domingo, numa série de lições de Escola Dominical ou num seminário ocasional de treinamento para o discipulado. Como pastor, enquanto você ensina, torne este tema prático para sua igreja. Por exemplo:

- "Queremos que os membros de nossa igreja tenham no evangelho confiança suficiente para viverem com transparência, de modo que não se sintam incomodados em fazer perguntas difíceis ou ameaçados quando tais perguntas lhes são feitas";
- ou: "Oremos para que nossa visão de uma vida frutífera seja formada mais pelo que a Escritura diz a respeito da igreja e menos pelo que a cultura diz a respeito de sucesso pessoal";

+ ou: "Que pessoa desta igreja você poderia beneficiar com algum sacrifício de seu tempo e de sua atenção?"

Instrua os membros na prioridade do discipulado cristão, para que cresçam em sua convicção pessoal do que a Escritura ensina acerca deste assunto.

Os pastores devem também ser modelo de discipulado. Se você espera que os membros de sua igreja façam do discipulado uma prioridade, precisa dar o exemplo. Isto significa que você deve estar discipulando pessoalmente homens de sua congregação para viverem como maridos, pais e trabalhadores piedosos. E estes homens devem saber que se espera que façam o mesmo.

Além de serem pessoalmente o exemplo de discipulado, talvez até melhor, os pastores devem mostrar modelos de discipulado. Em seu ensino, ache maneiras de falar à sua congregação sobre exemplos estimulantes de discipulado, como o investimento de Mateus na pessoa de Roberto. Mateus, o eletricista, começou a se reunir com Roberto, o estudante universitário, toda terça-feira pela manhã. Roberto ia à casa de Mateus para estudar a Bíblia, orar e tomar uma xícara de café. Porque Roberto era um novo crente, ele ainda não entendia realmente como devia ser a vida cristã. Porque Mateus nunca havia discipulado alguém antes, ele se sentia inseguro a respeito de como estava conduzindo o estudo bíblico com Roberto.

No entanto, um momento específico revelou o poder do discipulado. Mateus estava prestes a começar o estudo bíblico quando suas filhas começaram a se comportar mal. Mateus pediu licença para sair e falar com suas filhas na sala ao lado. Quando Mateus retornou, Roberto disse algo que o surpreendeu: "Não sei o que estudaremos hoje, mas o que acabei de aprender por ver você instruindo suas filhas foi muito valioso". Roberto havia crescido em um lar destrutivo, onde seu pai gritara com ele a vida toda. Instrução graciosa era algo que nunca vira antes. Quando Roberto observou a vida regular de Mateus como cristão, teve um vislumbre da paternidade bíblica. Discipular deve ser ensinado, mas deve ser também *assimilado* quando pessoas veem o cristianismo em ação.

Quando pessoas veem o discipulado em ação, devem, então, ser desafiadas a vivenciá-lo. Depois de vários anos ministrando a Roberto, Mateus o encorajou a achar alguém para discipular. Com base no investimento feito nele mesmo, Roberto deveria investir em outros. Jesus começou com doze. Assim como esses doze saíram e fizeram mais discípulos, e essas pessoas fizeram, por sua vez, mais discípulos, devemos nós também ser cristãos que fazem discípulos. Eles deram o exemplo para que o sigamos.

Enquanto você ensina sobre discipulado e dá exemplos na aplicação de seu sermão, deve evitar a glorificação de indivíduos ou o focalizar-se apenas em histórias de sucesso. Seu povo deveria ouvir que falhas aparentes sempre farão parte deste trabalho, e que, não obstante tal possibilidade, o Senhor é honrado quando o realizamos.

Além de ensinar e ser modelo, os pastores devem encorajar publicamente o discipulado de várias outras maneiras: recomendar e doar bons livros sobre discipulado; estabelecer tempos específicos para testemunhos de discipulado e orar regularmente sobre relacionamentos de discipulado que estão acontecendo na igreja.

Conectando
Uma terceira expectativa que deve ser comunicada é que as pessoas se conectem umas com as outras. Realmente, relacionar-se com outra pessoa é necessário para que o discipulado aconteça. Mas, antes que alguém comece a digitar uma planilha, vamos explicar o que estamos querendo dizer. O ideal é que os relacionamentos de discipulado surjam como resultado de os membros conhecerem uns aos outros. Um membro de igreja se comprometeu com o corpo, foi equipado com alguma ideia de como discipular e se dispõe a abençoar outros membros da congregação. Se os membros estão cuidando diligentemente uns dos outros, Deus os guiará a esses relacionamentos.

O pastor terá de lembrar constantemente este passo no processo – os membros devem se dispor realmente a se conectarem com outros. Não basta você lançar os fundamentos teológicos; precisa exortar as pessoas a edificarem sobre os fundamentos. Algumas pessoas da igreja são imitadores naturais; outros são mais reticentes em sua disposição. Ofereça encorajamento a ambos.

Entretanto, nem toda conexão será iniciada pelos membros. Usando seu conhecimento pessoal da igreja, os pastores devem conectar regularmente aqueles que estão em necessidade com outros que podem ajudá-los. Se uma pessoa está lutando com problemas de finanças, há alguém na igreja especialmente dotado em administração financeira? Se um casal está entristecido por causa da morte de uma criança, há um casal na igreja que já atravessou essas águas sombrias? Se um homem está lutando contra pornografia, que outro homem da congregação é caracterizado por pureza sexual? Basicamente, você está conectando pessoas que precisam de sabedoria com outras que sabem onde achá-la na Palavra de Deus.

Se o pastor tiver investido numa cultura de discipulado, falar com alguém para que ajude um membro atribulado não parecerá uma imposição. O pastor deve ajudar a estabelecer um plano de ação, a administração do tempo e como a supervisão pastoral será realizada. Isto dará aos membros maior confiança em ajudar o cristão atribulado. Mas, a partir daí, a realização do compromisso será dos próprios membros.

O QUE ISTO TEM A VER COM O ACONSELHAMENTO?
Talvez você esteja examinando a capa do livro para ver o título novamente. *O Pastor e o Aconselhamento*. Como toda esta conversa sobre cultura de discipulado se relaciona com o assunto do livro?

Se você pedisse a um membro "comum" de sua igreja que discipulasse outro crente, nosso palpite é que ele poderia saber como ler a Bíblia com o discípulo, orar junto com ele e juntos compartilharem honestamente a vida um com o outro. Mas, se você pedisse que esse mesmo crente falasse com alguém que é suicida, que ajudasse um adúltero a superar a vergonha ou que escrutinasse os padrões obsessivos de alguém que sofre de transtornos alimentares, o nível de confiança dele talvez diminuiria significativamente.

Quando um cristão "comum" ouve sobre um problema complicado e árduo na vida cristã, ele provavelmente se esquiva. A maioria dos cristãos presume que problemas realmente complicados precisam ser tratados por profissionais – pastores ou conselheiros. Certamente, pessoas mais experientes podem ser necessárias para ajudar alguém que está em circunstâncias particularmente difíceis. Mas isto não significa que um cristão "comum" é inútil.

Todo cristão é capaz de ajudar, mesmo lidando com questões difíceis da vida cristã. Com a espada do Espírito (Ef 6.17), o amor de Cristo no coração (Gl 5.6) e disposição para servir (Mc 10.43-45), nada pode impedir os cristãos de fazerem algum bem efetivo. Deus usa sua Palavra para oferecer sabedoria para reagirmos corretamente a qualquer circunstância debaixo do sol. Essa sabedoria está disponível para todos os que a procuram, e os cristãos podem fazer isso juntos, formal ou informalmente.

Procurar sabedoria num contexto de discipulado não é realmente diferente de procurar sabedoria num contexto de aconselhamento. Segue o padrão normal que já apresentamos. Buscar a sabedoria de Deus envolve ouvir com ouvidos discernentes e falar em amor a verdade da Escritura. Aconselhar envolve apenas mais exploração intensiva, mais estrutura formal e expertise num problema específico.

Basicamente, pastor, se você quer ajudar com seu aconselhamento, comece por formar uma cultura de discipulado em sua igreja. Se você está formando um povo comprometido com o bem-estar espiritual mútuo, eles serão mais interessados em aconselhamento como uma ferramenta que pode ajudá-los a atingir esse fim. Quando mais membros de sua igreja se tornarem interessados em discipulado, você poderá começar a capacitá-los a serem conselheiros competentes que aconselham por meio da Palavra, aplicando-a a alguns dos problemas mais complicados da vida.

Se você não quer realizar aconselhamento nos próximos dez anos, comece a orar sobre formar um ministério de aconselhamento em sua igreja. Pense em como capacitar os membros da igreja a enfrentar coisas difíceis. Leia sobre como formar um ministério de aconselhamento leigo. Pergunte a outros pastores que já fizeram isso em suas igrejas.

Investir deliberadamente nos membros da igreja e treiná-los pode ajudar a dissipar temores e nutrir confiança. Uma combinação de ensino público e instrução pessoal em grupos menores pode instilar conceitos básicos de aconselhamento. Você pode pensar: "Eu quase não tenho tempo para aconselhar; como se espera que eu escreva e ensine a outros?" Felizmente para todos nós, nestes últimos anos chegaram ao mercado obras como *Equipped to Counsel: A Training Course in Biblical Counseling* (Equipados para Aconselhar: Um Curso de Treinamento em Aconselhamento Bíblico), de John Henderson, *How People Change* (Como Pessoas Mudam), de Timothy S. Lane e Paul David Tripp, e Instrumentos nas Mãos do Redentor[1], de Paul David Tripp. A maioria delas são fáceis de usar e entender. Se

---
1 Publicado em português pela Editora Nutra.

você tem alguns cristãos maduros em sua igreja, conduza-os em um programa de estudos sobre aconselhamento bíblico, com o alvo específico de que o ensinem aos outros.

No entanto, não apenas treine os membros de sua igreja em aconselhamento. Uma das melhores maneiras de ajudar sua congregação a entender como lidar com problemas difíceis é ser modelo de aconselhamento *diante* de outros. Por exemplo, se você está aconselhando João, peça ao líder do pequeno grupo dele ou a um amigo de confiança (com a permissão de João) a tomar parte em suas sessões de aconselhamento. Por fazer isso, você capacita outros que estão em discipulado difícil enquanto ajuda João. Eles ouvirão as perguntas que você fizer, observarão sua disposição e suas habilidades de ouvir e conhecerão em primeira mão os problemas de João. No final de uma sessão, você pode discutir com esses amigos como ajudar João durante o resto da semana.

Pastor, não realize sozinho o trabalho de aconselhamento. Pedir à família, aos amigos e aos membros da igreja que participem das sessões de aconselhamento é uma maneira fácil de começar a capacitar outros. Torne uma prioridade convidar outros à sua sala de aconselhamento. Se um membro não se sente à vontade para compartilhar suas coisas com outros, esta pode ser uma oportunidade para discipulado. Ensine-lhe a humildade de buscar ajuda e a necessidade de que outros o ajudem a discernir seu próprio coração (Hb 3.12-13). Ajude-o a pensar em quem talvez já saiba o suficiente sobre os assuntos e que poderia participar das sessões de aconselhamento. Se não há ninguém, então, em que pessoas cruciais – outros líderes ou cristãos maduros da igreja – ele poderia confiar? Isto tem a vantagem de ajudar o aconselhado e de treinar outros em aconselhamento.

Nunca trabalhe sozinho

Pastor, se você está atarefado demais, sobrecarregado com problemas de aconselhamento dos membros de sua igreja e não tem certeza de como achar alívio, ore sobre seu dilema e comece a falar sobre isso com outros líderes e membros maduros de sua igreja. O que você pode fazer?

À medida que você forma uma cultura de discipulado, tenha em mente o fato de que uma cultura de igreja não muda da noite para o dia. Você terá de adotar uma visão de longo prazo. Mudança é sempre gradual e nunca universal. Terá grupos da congregação que aceitam e querem mais da mudança, e outros que são menos inclinados a ela. Não se encoraje demais com aqueles que a aceitam, nem se desencoraje demais com aqueles que não a aceitam. Estabeleça alvos simples para apresentar as expectativas de fazer discípulos descritas antes, depois avance para alguns dos passos seguintes em capacitar seu povo para um ministério de aconselhamento. Seu foco deve estar em todo passo razoável que você possa tomar agora e, depois, em quaisquer passos possíveis que virão.

Se você sentir que os fardos do aconselhamento são grandes demais para você, esses sentimentos são exatos. Mas não fique desencorajado; seja dependente. Dependa, especificamente, do que Deus determinou dar ao seu povo neotestamentário – toda a igreja falando a verdade em amor.

Não trabalhe sozinho. Alcançar outros cristãos maduros é um bom lugar para começar.

Em última análise, só podemos trabalhar na força que Deus supre. Por quê? Para que Deus seja glorificado por meio de Jesus Cristo. A glória de Deus é aquilo por que nos esforçamos. O apóstolo Pedro, aquele a quem Jesus disse três vezes que apascentasse suas ovelhas, nos lembra isto. De fato, suas palavras dirigidas a nós são um grande resumo da cultura de discipulado pela qual estamos nos esforçando.

> Acima de tudo, porém, tende amor intenso uns para com os outros, porque o amor cobre multidão de pecados. Sede, mutuamente, hospitaleiros, sem murmuração. Servi uns aos outros, cada um conforme o dom que recebeu, como bons despenseiros da multiforme graça de Deus. Se alguém fala, fale de acordo com os oráculos de Deus; se alguém serve, faça-o na força que Deus supre, para que, em todas as coisas, seja Deus glorificado, por meio de Jesus Cristo, a quem pertence a glória e o domínio pelos séculos dos séculos. Amém! (1Pe 4.8-11)

CAPÍTULO OITO

TRABALHANDO COM SABEDORIA: UTILIZANDO RECURSOS EXTERNOS

No capítulo anterior, nossa visão se ampliou do processo de aconselhamento individual para o contexto maior da igreja como um todo. Refletimos sobre como desenvolver uma cultura de discipulado em sua congregação e como preparar outros para trabalhar ao seu lado. Neste capítulo, aumentaremos o foco um pouco mais para considerar como usar sabiamente recursos de fora da igreja. Dos recursos disponíveis, alguns serão muito úteis e alguns menos. Contudo, até os recursos úteis precisarão ser usados com sabedoria.

Fizemos o nosso melhor para argumentar que o aconselhamento é uma parte importante do trabalho do pastor em benefício de seu povo. Quando Jesus o chamou para pastorear seu povo, ele o chamou para caminhar com eles através de problemas complexos e, às vezes, horríveis. Mas também sabemos que pastores têm limitações, tanto em tempo quanto em experiência, com as complexidades dos problemas humanos. Aqui estão alguns indicadores de que talvez seja tempo para buscar ajuda de fora.

Você está sozinho e no limite de suas possibilidades. Você está pastoreando uma igreja não saudável. Sua congregação não encara o discipulado com seriedade. Por isso, quando problemas surgem, você está basicamente sozinho. À parte de sua esposa orando por você, não há realmente mais ninguém disposto a oferecer-lhe ajuda.

Você tentou o seu melhor sem muito resultado. Ajudou uma pessoa que lutava com um problema profundamente arraigado. Embora tenha havido algum progresso, o problema continua grandemente intocado. Você sacrificou muito tempo e se manteve dedicado à pessoa, mas atingiu os limites de seu discernimento para ajudar a corrigir padrões que não mudaram.

Você sente a necessidade de ajuda médica. Embora você deva ter aconselhados que buscam regularmente consulta médica desde o começo, às vezes pessoas mostram padrões de comportamento bizarros e intrusivos ou reações emocionais extremas que parecem incontroláveis. Estas coisas podem ser indicadores de que a fisiologia deles requer a atenção de um médico.

Você deve revelar informações que protegem pessoas de abuso e danos letais. Quando uma pessoa ameaça suicídio, homicídio ou qualquer abuso a crianças, a pessoas idosas ou a pessoas dependentes, você deve comunicar o fato às autoridades imediatamente. Se você tem suspeitas razoáveis ou direta admissão de seu aconselhado de que o abuso já aconteceu, precisa reportar isso também. Procure conhecer as leis de seu país, bem como os serviços de proteção às crianças que o Estado oferece. As pessoas que o buscam para aconselhamento precisam saber, quando começam o processo com você, que lhe é exigido revelar essas coisas. Reportá-las às autoridades não significa que você está sendo um pastor indigno de confiança; e você pode dizer isso com dois fatos simples: primeiro, pela lei você não tem permissão de determinar culpa ou inocência por sua própria autoridade. Segundo, você permanecerá comprometido com o pastoreio das necessidades espirituais delas não importando o que venha a acontecer.

O ministério pastoral lhe trará todos estes tipos de situações. Você deve certificar-se de estar preparado e de que entende *quando* e *por que razões* procurará ajuda em sua localidade. Neste capítulo, apresentaremos alguns critérios simples que podem ser aplicados a qualquer comunidade em que sua igreja esteja inserida.

Os recursos de aconselhamento que você achará em sua localidade se enquadrarão em uma de três categorias: (1) aconselhamento de igreja ou de instituições paraeclesiásticas, (2) aconselhamento profissional, (3) ajuda médica ou psiquiátrica. Cada um destes recursos pode ser encontrado em regimes regulares ou de internação. A assistência regular ocorre numa série de compromissos com um conselheiro ou um médico. Tratamentos em regime de internação são mais intensivos e envolvem viver longe de casa sob a direção de conselheiros ou médicos.

Encaminhando para recursos fora da igreja

Quando falamos de encaminhamento, precisamos ser cuidadosos com o que estamos querendo dizer. Ao usarmos o termo "encaminhamento", não estamos dando a entender que estamos mandando alguém para fora de nosso cuidado e para outra pessoa. Você é o pastor dessa pessoa e chamado a velar por sua alma. Mantém a supervisão espiritual de seus membros por ajudá-los a refletir acerca de qualquer conselho que receberem dessas outras fontes. Como pastor deles, seu alvo primário é manter Jesus Cristo central no entendimento deles sobre a genuína mudança de coração.

Sendo mais específicos, não estamos dizendo que pastores supervisionam diretamente os recursos de fora da igreja. Em termos de suas práticas e procedimentos, esses recursos funcionam fora dos limites da autoridade dos pastores. Em vez disso, você está ajudando pessoas a discernirem a orientação que estão recebendo, garantindo que a julguem com base num ponto de vista bíblico. Isto as ajudará a determinar por si mesmas se querem ou não continuar recebendo tal orientação.

Aconselhamento de igreja ou de instituições paraeclesiásticas

Em sua busca por aconselhamento bíblico local e consistente, você deve começar procurando outras igrejas alicerçadas na Bíblia e que pregam o evangelho, em sua área. Talvez descubra que elas oferecem serviço de aconselhamento como parte de seu ministério ou que já fizeram uma pesquisa e encontraram um conselheiro confiável em sua área. Então, comece por contatar em sua comunidade algumas igrejas que tenham mentalidade semelhante à de sua igreja e pergunte-lhes a quem elas recorrem para aconselhamento. Comece sua própria lista de pessoas que podem ser indicadas utilizando alguns dos conselheiros recomendados por essas igrejas.

Se não houver nenhuma igreja firme que já fez a pesquisa, você precisará fazê-la por si mesmo. Talvez não seja fácil achar um conselheiro que se harmonize com sua teologia e com sua filosofia de cuidado. Mas há alguns critérios proveitosos.

Antes de tudo, você quer achar um cristão que conhece a Palavra de Deus e saiba como relacionar o poder da Palavra com os problemas da vida. A Escritura é fonte regular e autoritativa do conselho desta pessoa? Talvez você já teve a experiência de conversar com um membro de igreja cujo conselheiro conseguiu determinar como o problema se expressava, mas ofereceu conselho e estratégias apenas marginalmente relacionados à Bíblia. Se um conselheiro crê na Bíblia e a conhece, você saberá disso no modo como ele aconselha o membro de sua igreja.

Segundo, você quer alguém que tenha uma conduta amorosa, graciosa e confiável. O modo de se expressar é importante. Sim, uma pessoa precisará às vezes de uma repreensão firme e amorosa. Todavia, o melhor momento para se fazer isso é depois de ganhar a confiança do aconselhado. Um passo necessário para ganhar a confiança é ser uma pessoa graciosa que aborda os problemas das pessoas com a bondade paciente de Jesus. Em geral, um conselheiro precisa ser alguém que é acessível e tem uma disposição misericordiosa para com os problemas da vida. Não confie as pessoas de sua igreja a alguém cuja conduta não se harmoniza com os mandamentos bíblicos (1Pe 3.89), embora ele manifeste conhecer bem a Escritura.

Terceiro, você precisa de alguém que possa persistir com paciência frente à complexidade dos problemas da vida. Paciência é sempre uma virtude, mas especialmente no aconselhamento, porque mudança é lenta. Em geral, os problemas melhoram em passos pequenos, não a passos largos. Expectativas apropriadas e uma disposição para trabalhar dentro do tempo de Deus são características importantes num conselheiro, que pode ajudar uma pessoa atribulada por meses ou até anos.

Por fim, você quer alguém que tenha a competência para lidar com o problema. Não ter nenhum conselheiro é melhor do que enviar o membro de sua igreja para um conselheiro ruim. Um conselheiro incompetente pode piorar rapidamente as coisas por levar uma pessoa a expectativas irrealistas ou por favorecer perspectivas orientadas para o ego. Um homem com uma Bíblia não é suficiente. Ele precisa ter a qualidade de sabedoria situacional – a capacidade de reconhecer as finas nuances das reações humanas e de entender como a verdade bíblica molda essas reações. Você não precisa necessariamente de um conselheiro que seja especialista num problema específico, e sim que ele tenha os instrumentos para o manejo da complexidade na vida humana.

Ainda que você ache alguém que tenha estas qualidades, lembre que o conselheiro está apenas ajudando uma pessoa nos aspectos específicos de um problema. Você ainda precisa se manter em contato com este membro de sua igreja para ter certeza de que o conselho é coerente com as promessas bíblicas de graça e expectativas para a vida piedosa. Eis algumas maneiras práticas de permanecer envolvido no aconselhamento:

- Reserve algum tempo para estar nas sessões de aconselhamento. Uma das melhores maneiras para você aprender como lidar com os problemas para os quais se sente mal preparado é assistir a um conselheiro lidando com tais problemas ao lado do membro de sua igreja.
- Peça ao membro da igreja que lhe envie por e-mail um resumo de cada sessão. Isto lhe dá oportunidade de acompanhar o progresso da pessoa e ter alguma percepção da teologia e metodologia do conselheiro.
- Peça ao membro da igreja que dê ao conselheiro permissão para falar com você, a fim de que você proceda a uma verificação com o conselheiro e obtenha uma estimativa de como as coisas estão indo. Um conselheiro prestativo trabalhará com o acompanhamento de um pastor, mantendo-o informado de como a igreja pode amar sabiamente a pessoa atribulada. Se o conselheiro mostrar indisposição para isto ou não estabelecer tempo para falar com o pastor, este pode riscá-lo de sua lista de encaminhamento.

Aconselhamento profissional

Nossos critérios para escolher um bom conselheiro de igreja ou uma instituição paraeclesiástica se aplicam também ao aconselhamento profissional. Um conselheiro *cristão* profissional deve aconselhar como um cristão. O vocábulo "cristão" não pode ser apenas um rótulo; deve caracterizar o conselho dado e o tipo de ajuda oferecida.

Queremos adverti-lo mais fortemente contra um profissional cristão que é fraco no primeiro critério do que contra um psicólogo que não afirma ser cristão. As linhas de distinção são, pelo menos, claras neste último caso. No primeiro caso, elas são indistintas. Se um conselheiro cristão profissional oferece conselho que está largamente alicerçado em modelos terapêuticos não bíblicos, fazer distinção entre o que procede da Bíblia e o que procede de um ponto de vista alternativo se torna difícil.

Eis um exemplo. Digamos que um conselheiro profissional cristão e um conselheiro secular aconselhem o membro de sua igreja a ir para o quarto de dormir e dar socos no travesseiro quando sua esposa o irrita. Isto parece razoável. É certamente melhor do que dar socos na esposa, e os travesseiros são substituíveis. Se o conselheiro profissional cristão aconselha isto, o membro de sua igreja pode supor que aquele é um conselho que tem bases bíblicas. Afinal de contas, tratar um travesseiro com crueldade não parece insensível aos outros e desagradável a Deus. Um conselheiro profissional cristão que dá esse conselho de socar o travesseiro talvez até cite a Escritura para firmar seu argumento, talvez mostrando como Jesus dirigiu sua ira apropriadamente por virar as mesas dos cambistas e não agredir os próprios cambistas. E isto pareceria razoavelmente bíblico para o membro de sua igreja. Mas o problema neste conselho é que ele está baseado num entendimento defeituoso das pessoas: que seus impulsos negativos devem ser expressos, contanto que sejam dirigidos a objetos seguros. É apenas uma tentativa infeliz de cristianizar uma antropologia não bíblica. O apóstolo Paulo desprezaria tal conselho, dizendo que apenas satisfaz a um "ataque de ira", que é uma "obra da carne" (Gl 5.19-20).

No caso de um psicólogo que não tem convicções cristãs, uma antropologia não bíblica está claramente visível. Conselhos dessa fonte podem conter discernimentos práticos, mas têm limitações evidentes. Psicólogos podem oferecer estratégias mentais para controlar pensamentos obsessivos, identificar padrões de respostas emocionais disruptivas ou prover estratégias de comunicação padronizadas para certos problemas; e estas estratégias podem ser genuinamente proveitosas. Mas tudo isto fica aquém da sabedoria que molda a vida. Portanto, especialistas em determinados problemas podem ser úteis para as pessoas de sua igreja, mas somente quando o conselho deles é submetido a uma mais ampla cosmovisão bíblica.

Por exemplo, um psicoterapeuta que é especialista em transtorno de estresse pós-traumático saberá muito a respeito das experiências comuns de um soldado que retornou de uma guerra e pode reconhecer sinais de alerta em seu comportamento. Mas não pode explicar o ponto de partida teológico do medo, a realidade do perigo em um mundo caído ou a esperança de um mundo recriado. A mesma coisa pode ser verdadeira quanto a psicólogos que se especializam em transtornos de sono, síndrome de *Tourette*, questões de infertilidade, traumas de infância e mais.

Pastor, seu trabalho pode não consistir em saber tanto quanto o terapeuta a respeito das dinâmicas observáveis de uma determinada condição, mas consiste em mostrar como seu povo pode reagir com fé em Deus, seja qual for a condição em que estejam. A sabedoria para reagir com fé vem somente da Palavra de Deus. Portanto, se as pessoas de sua igreja buscam conselheiros seculares por qualquer razão, não as deixe pensar que substituíram a necessidade de orientação bíblica da parte de seu pastor.

Ajuda médica ou psiquiátrica

Deus nos criou para sermos constituídos de corpo e alma. Estes dois aspectos de nossa natureza se inter-relacionam de maneiras misteriosas e maravilhosas. Deus afirmou que este plano era bom, mas o pecado corrompeu tanto o nosso corpo quanto a nossa alma. A queda nos deu não somente uma inclinação espiritual para o pecado, mas também um corpo decadente. Enfermidades corrompem todas as partes do corpo, desde os sistemas muscular e cardiovascular até aos sistemas endócrino e neurológico. Somos mordomos do corpo, bem como da alma. Portanto, os pastores devem sempre incentivar o cuidado médico.

Enquanto você cuida dos membros de sua igreja, por vezes cuidado médico mais específico se faz necessário. No decorrer do aconselhamento, uma pessoa pode demonstrar evidência de fatores psicologicamente complicadores que exigem cuidado médico, como, por exemplo, comportamento bizarro e imprevisível, alterações emocionais severas ou invasivas alucinações.

Um pastor está estimulando a negligência espiritual num membro de sua igreja por incentivá-lo a procurar um médico? Somente se ele permite que a pessoa pense que os remédios podem resolver seu problema. Remédios sozinhos não podem resolver os problemas da alma. A medicina é apenas uma ferramenta na abordagem bíblica geral do cuidado do corpo das pessoas, e esta ferramenta nunca deve ser usada de maneira que anula o envolvimento com Deus por meio de sua Palavra.

Como o pastor pode ajudar um membro de sua igreja na busca por ajuda médica ou psiquiátrica? A resposta está em achar o tipo certo de médico. Eis o que você precisa:

Um médico que seja competente. Competência envolve pelo menos duas coisas: esforço consciente e conhecimento dos limites da medicina. No que diz respeito ao primeiro, alguns médicos gastam o tempo e o esforço necessários para conhecer seus pacientes, e outros não. Uma ótima maneira de saber quanta atenção uma pessoa recebe de um médico é saber quanto tempo está designado para a consulta. Com a pressão de sistemas e planos de saúde e quotas de consultas, alguns médicos agendarão sete ou oito pacientes por hora, o que lhe permite dedicar de sete a nove minutos por paciente. Essa alternância rápida aumenta significativamente a chance de diagnóstico e monitoramento desatentos. Você quer um atendimento que priorize entendimento preciso (*anamnese*) dos aspectos fisiológicos do problema, antes da prescrição do remédio.

No que diz respeito a conscientização do médico quanto aos limites do cuidado médico, um bom psiquiatra sabe que seu foco deve estar nos aspectos médicos do problema e não em se arriscar em conselho espiritual, moral ou relacional. Profissionais médicos podem oferecer soluções práticas que favoreçam realidades físicas, mas sabedoria que molda a vida e conselho espiritual estão fora de seu domínio profissional.

Obviamente, um médico que tem fé vibrante e competência clínica pode fazer muito bem em complementar o cuidado espiritual da igreja. Se você encontrar um médico assim, reconheça que ele é um dom precioso para você e para sua igreja.

Um médico que esteja disposto a se comunicar com o pastor. Ainda que com as liberdades apropriadas, alguns médicos podem não se sentir à vontade para falar com o pastor de um paciente. Você quer um médico que esteja aberto à comunicação com as pessoas-chave na rede ou sistema de apoio de um paciente. Isto indica que ele ou ela vê a importância de fontes de sabedoria e apoio que a medicina não pode oferecer.

Um médico que não seja caro. Planos de saúde estão ficando cada vez mais complexos. Os custos dependem de o médico fazer parte ou não da rede credenciada. Além desta complexidade, há a realidade recente de que muitos profissionais pararam de atender totalmente por convênios, porque o processo de reembolso, a burocracia e os procedimentos operacionais são de manejo tão difícil que a qualidade do atendimento sofre. Esses médicos podem oferecer a seus pacientes um formulário que pode ser enviado ao plano de saúde para obterem ressarcimento. Mas isso exige que o paciente cubra o custo até ao ressarcimento. Portanto, a sua conscientização destas realidades pode capacitá-lo a melhor ajudar o membro de sua igreja a fazer uma escolha sábia.

Conclusão

Como pastor, você serve no papel de autoridade espiritual sobre a vida dos membros de sua igreja (Ez 34; Hb 13.7; 1Pe 5.1-4). Contudo, qualquer um que tem pastoreado sabe que sua voz é uma entre muitas. À medida que você cria uma lista de profissionais que podem ser recomendados, faça isso com cuidado. Você protege a si mesmo de muitas explicações posteriores por ajudar os membros de sua igreja a escolher sabiamente e prepará-los para ouvir conselhos com discernimento.

Se o conselheiro ou médico conflita frequentemente com seu conselho pastoral, isso torna muito mais difícil achar uma solução para o problema. Pessoas em dificuldades não são ajudadas por conselhos conflitantes. Em situações em que conselhos conflitantes estão produzindo confusão e sofrimento, é melhor aconselhar o membro de igreja a procurar um novo conselheiro ou médico. Isto deve ser feito com humildade e cortesia para com todos os envolvidos.

A verdade é que você não pode passar a responsabilidade pela alma de um membro de igreja a outro tutor, seja ele cristão ou não. O encaminhamento a profissionais não é "passar a bola" para outrem. Antes, é um suplemento, que lida com um problema específico, para a visão bíblica de vida que você é responsável por instilar. Este processo nem sempre é inteiramente claro, mas com os princípios apresentados você terá boa chance de manter o discernimento bíblico necessário para utilizar sabiamente recursos de fora da igreja.

EPÍLOGO

UM TRABALHO DE AMOR

Bons pastores trabalham com dedicação. Eles fazem isso tanto no gabinete de estudo quanto no púlpito, porque creem que a Palavra de Deus traz vida às pessoas. E fazem o mesmo não importando onde estejam – no gabinete, na sala de visitas ou na vizinhança – porque sabem que a Palavra de Deus é poderosa.

A Palavra de Deus traz esperança a pessoas que lutam com problemas, mas as pessoas precisam frequentemente de ajuda para verem esta conexão. Um pastor e sua Bíblia podem fazer um bem incalculável a inúmeras pessoas que lutam com problemas. Isso não é uma afirmação ingênua ou triunfalista. Um pastor pode ajudar pessoas a saberem como reagir pela fé em Cristo a qualquer dificuldade, dispondo-as para receberem a graça de Deus em tempos de necessidade.

O aconselhamento é uma ferramenta – apenas um entre muitos dos ministérios da Palavra de Deus – que ajuda outras pessoas a viverem a fé genuína no evangelho de Jesus Cristo. Você, pastor, é chamado a utilizar essa ferramenta a fim de ajudar a trazer vida a pessoas que se debatem em inúmeros conflitos. Aconselhamento é uma oportunidade de colocar-se ao lado de pessoas feridas, não como uma distração de seu ministério, mas, antes, como uma parte necessária e boa de seu trabalho em benefício da igreja.

Quando você aconselhar, queremos que seja confiante de que as Escrituras têm tudo de que você precisa para lidar *pastoralmente* com a pessoa, não importando quão complexo seja o problema. Você não será capaz de resolver cada aspecto do problema das pessoas, mas será capaz de mostrar-lhes *como andar pela fé em Cristo*.

Nossa tarefa neste livro consiste em lembrá-lo da grande e nobre responsabilidade de pastorear o rebanho de Deus. É um trabalho árduo, mas que vale a pena. É um labor que Cristo o chamou a realizar, seguindo seu exemplo como nosso Grande Pastor. O pastor ama as suas ovelhas e dá a sua vida por elas. E quanto a você, pastor? Seguirá o exemplo de Cristo enquanto pastoreia o povo de Deus?

APÊNDICE A

LISTA DE VERIFICAÇÃO PARA O PROCESSO DE ACONSELHAMENTO

Esta lista de verificação (*checklist*) tenciona ajudá-lo a preparar-se para o aconselhamento individual. Lembre: você está procurando abordar o problema presente, mostrar a importância do evangelho e ajudar a pessoa a crescer em Cristo. Você faz isto por seguir um *método* de explorar o coração, um método que se desenvolve no *processo* de aconselhamento. Ambos são delineados em seguida.

O MÉTODO

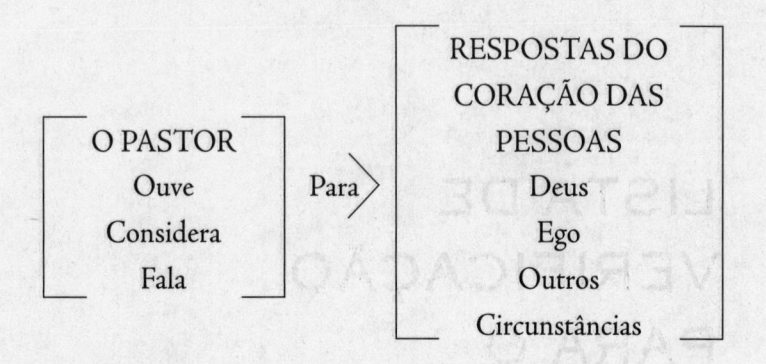

```
┌─────────────┐       ┌──────────────────┐
│  O PASTOR   │       │  RESPOSTAS DO    │
│    Ouve     │ Para> │  CORAÇÃO DAS     │
│  Considera  │       │     PESSOAS      │
│    Fala     │       │      Deus        │
└─────────────┘       │      Ego         │
                      │     Outros       │
                      │  Circunstâncias  │
                      └──────────────────┘
```

O PROCESSO

O processo de aconselhamento é apenas a estrutura para explorar o coração por meio do método que acabamos de mostrar.

Antes da sessão inicial
- Enviar e receber o formulário de informações pessoais ou pedir informalmente um resumo do problema.
- Mobilizar recursos – livros ou pessoas – em preparação para o encontro inicial.
- Preparar perguntas e assuntos de conversa de acordo com a lista seguinte para o encontro inicial.

O(s) encontro(s) inicial(ais)
- Estabelecer uma conexão relacional.
- Explorar a preocupação do aconselhado (use o método apresentado antes).
- Mostrar esperança.

- Estabelecer as expectativas.
- Designar a tarefa ou trabalho de preparação.

As sessões posteriores
- Obter atualização (*update*).
- Perguntar sobre a tarefa ou trabalho de preparação.
- Continuar a explorar as preocupações.
- Oferecer remédios redentores.

O(s) encontro(s) final(ais)
- Rever os principais temas do aconselhamento.
- Fazer planos para o cuidado regular.

APÊNDICE B

O QUE É ACONSELHAMENTO CRISTÃO?

Se você já procurou na *Internet* ou fez uma pesquisa para achar um conselheiro, observou um estonteante conjunto de modelos de aconselhamento disponíveis no mercado evangélico contemporâneo – Terapia Focada nas Emoções (cuja sigla em inglês é EFT), Terapia Cognitivo-Comportamental (TCC), Terapia Comportamental Dialética (cuja sigla em inglês é DBT), citando apenas algumas. Atualmente, há inúmeros modelos que os cristãos utilizam para aconselhar.

Esta seção é intencionalmente breve. Queremos lhe oferecer uma definição de aconselhamento que possa ajudá-lo a determinar a direção que o ministério de aconselhamento de sua igreja deve tomar ou talvez a discernir a filosofia de aconselhamento de um profissional local.

Em nossa opinião, o aconselhamento que é cristão ou bíblico, em sua forma mais *básica*, é um ministério da Palavra pelo qual os cristãos ajudam outros a entenderem como seu coração está respondendo ativamente a Deus em meio às suas circunstâncias de vida específicas e como a fé em Cristo Jesus muda tais respostas.

Desenvolvendo isto um pouco, poderíamos dizer que um conselheiro cristão aborda os pensamentos, as crenças, os desejos, os sentimentos, as decisões e as ações de uma pessoa à luz da vontade revelada de Deus quanto ao modo como as pessoas devem funcionar. Quando pessoas se relacionam corretamente com Cristo, por meio da fé no evangelho, seu coração é transformado progressivamente para se relacionar de modo correto com tudo mais – os outros, o ego (*self*) e as circunstâncias. Estar correto com Deus restaura os relacionamentos corretos com tudo mais.

O aconselhamento exige habilidade e sabedoria para analisar as questões complexas da vida. No entanto, o aconselhamento cristão é guiado resolutamente por um conceito bíblico de Deus e de suas intenções para com as pessoas. Entende ousadamente a Cristo como o meio e o alvo da mudança. Embora reconheça o problema humano como complexo, o aconselhamento cristão usa resolutamente velhas categorias bíblicas, como orgulho, cobiça, ira, medo, ódio, vingança, insensatez, ignorância, confusão e sofrimento. Os contornos do aconselhamento seguem os contornos narrativos de um livro antigo de sabedoria divina, um livro que não pode ser domesticado e sempre é relevante para as profundezas mais íntimas da experiência humana.

APÊNDICE C

FORMULÁRIO DE INFORMAÇÕES PESSOAIS

[NOME DE SUA IGREJA]

Este levantamento de informações nos dará um resumo de sua história, para entendermos como servi-lo melhor. Por favor, responda-o com sinceridade e reflexão. Usaremos as informações com prudência amorosa.

Informações Gerais

Precisaremos de suas informações básicas para contatá-lo e obter uma ideia geral do que ocupa a sua vida.

Nome _____
Data de nascimento ___/___/___
Endereço _____
_____
_____CEP _____

Idade _____ Sexo _____
Indicado por _____
Estado civil: ☐ Solteiro ☐ Noivo ☐ Casado
              ☐ Separado ☐ Divorciado ☐ Viúvo
Tel. residencial _____ Celular _____
Empresa _____
Cargo _____
Tempo nesta empresa _____
Escolaridade _____
Escreva dez palavras que descrevem sua personalidade
_____
_____
_____
_____

Casamento e família

Poucos relacionamentos são tão envolventes em sua experiência de vida diária quanto a família. Precisamos saber as coisas básicas para entender como melhor poderemos ajudá-lo. Se há algo que você entende que deveríamos saber, e que não é mencionado nesta seção, sinta-se livre para também incluir essa informação.

Se você é solteiro, descreva sua atitude para com seu estado de solteiro.
_____
_____
_____

Se casado, preencha o seguinte:
Esposa _____
Data de nascimento ___/___/___ Idade _____
Ocupação _____
Quanto tempo neste emprego_____
Tel. residencial _____ Celular _____
Data de casamento ___/___/___
Duração do casamento _____
Escreva uma breve afirmação das circunstâncias de encontro e namoro.
_____
_____
_____

Um ou outro de vocês já foi casado antes? _____
Com quem? _____
Já estiveram separados um do outro? _____
Entraram alguma vez em pedido de divórcio? _____
Filhos:

Nome	Idade	Sexo	Educação	Vivo?	Enteado?
_____	_____	_____	_____	_____	_____
_____	_____	_____	_____	_____	_____
_____	_____	_____	_____	_____	_____

ANOS DE CRESCIMENTO

Embora não pensemos que experiências da infância *determinam* o modo como reagimos como adultos, reconhecemos que experiências passadas influenciam perspectivas presentes. Por isso, pediremos que você descreva a família de onde veio. De novo, se há algo que você entende que deveríamos saber, e que não é mencionado nesta seção, sinta-se livre para também incluir essa informação.

Descreva seu relacionamento com seu pai.
_____
_____
_____
_____
_____

Descreva seu relacionamento com sua mãe.
_____
_____
_____
_____

Você vive com outra pessoa e não com seus pais? Se vive, descreva este relacionamento.
_____
_____
_____
_____

Descreva seu relacionamento com os irmãos (incluindo número e ordem de nascimento).

_____
_____
_____
_____

Descreva alguns eventos significativos de sua vida familiar que você teve durante o crescimento.

_____
_____
_____
_____

SAÚDE

Somos seres físicos e espirituais, e nosso corpo é um fator importante em nossa experiência. Embora nós, conselheiros, não sejamos médicos profissionais, é útil sabermos os fatos gerais sobre a sua saúde.

Descreva a sua saúde em termos gerais.

_____

Você tem qualquer condição crônica ou doença, lesão ou incapacidade relevante?

_____

Ajuda médica profissional
Nome e endereço do médico:
_____
_____

Data do último exame médico _____
Relatório _____
Você já se consultou com um psiquiatra ou um psicólogo?
_____
Se já, explique.
_____
_____

Nome(s) e endereço(s) do(s) psiquiatra(s)/psicólogo(s):
_____
_____

Data da última consulta: _____
Relatório ou diagnóstico: _____

Você está disposto(a) a assinar um *Formulário de Liberação de Informações* para que seu conselheiro possa acessar registros ou prontuários médicos, psiquiátricos e sociais? _____

Remédio(s) atual(ais)   Dosagem
_____   _____
_____   _____
_____   _____
_____   _____

Você já usou drogas para outros propósitos, além de propósitos médicos? _____ Se já, explique.
_____
_____
_____

Substância usada: Sim/Não | Quão frequentemente e quanto?
Bebidas alcoólicas?   ____ _____
Cafeína?   ____ _____
Derivados de tabaco   ____ _____

Outras informações
Você já esteve preso? _____ Se já, explique.
_____
_____
_____

Você já teve problemas interpessoais no trabalho? _____
Se já, explique.
_____
_____
_____

Você já teve um distúrbio emocional severo? _____
Se já, explique.
_____
_____
_____

Somente para mulheres
Por favor, explique quaisquer sintomas menstruais que afetam seu funcionamento, como tensão ou uma tendência para chorar.
_____
_____
_____

Se você é casada, seu marido apoia sua vinda ao aconselhamento? Ele está disposto a se envolver?
_____
_____
_____

Você se sente segura em casa?
_____
_____

Somente para filhos
Quão aberto você é com seus pais ou tutores a respeito de seus problemas?
_____
_____
_____

Você se sente seguro no lar?
_____
_____

Vida espiritual

Embora vejamos toda a vida humana como espiritual em natureza, nossa identificação religiosa diz muito a respeito de como exercemos nossa espiritualidade. Pedimos estas informações para que tenhamos uma compreensão melhor de como você busca a Deus em sua experiência de vida.

Igreja que você frequenta _____
Você é membro? _____
Em que ano você começou a frequentar esta igreja? _____
Em que ano você se tornou membro da igreja? _____

Além de frequentar, que papéis ou responsabilidades você tem na igreja?
_____
_____

Com que religiões ou denominações você esteve envolvido no passado? Por favor, anote qualquer mudança significativa em sua vida religiosa.
_____
_____
_____

Quais destas afirmações descreve melhor o seu relacionamento com Jesus Cristo? Se você não gostar de nenhuma destas, escreva a sua própria.
☐ Sigo a Jesus Cristo como meu Senhor e Salvador.

☐ Estou interessado em Jesus Cristo e aprendendo o que significa segui-lo.
☐ Costumava seguir a Jesus Cristo, porém não o faço mais.
☐ Não estou interessado em seguir a Jesus Cristo como meu Senhor e Salvador.

Se você ora, descreva sua vida de oração.
_____
_____
_____

Com que frequência você lê a Bíblia?
☐ Nunca ☐ Ocasionalmente ☐ Frequentemente ☐ Diariamente

Deus tem alguma coisa a ver com o problema que perturba você? Explique.
_____
_____
_____
_____

Averiguação do problema
Compreendemos que problemas não podem ser descritos totalmente num formulário como este. Esta é a nossa tentativa para entender apenas as circunstâncias, a fim de podermos explorar com mais eficiência o que precisamos para ajudá-lo. Se o seu problema não está listado aqui, sinta-se à vontade para escrevê-lo.

- ☐ Uso excessivo de álcool
- ☐ Motivação/apatia
- ☐ Desejo irresistível
- ☐ Ansiedade
- ☐ Dor física crônica
- ☐ Problemas alimentares
- ☐ Amargura
- ☐ Dificuldade relacional
- ☐ Medo
- ☐ Questões de infância
- ☐ Disfunção sexual
- ☐ Culpa
- ☐ Conflito interpessoal
- ☐ Insônia
- ☐ Solidão
- ☐ Tomada de decisões
- ☐ Outro _____

- ☐ Depressão
- ☐ Ira/agressão
- ☐ Obsessões, compulsões
- ☐ Uso de drogas
- ☐ Atenção/concentração
- ☐ Questões de paternidade
- ☐ Fadiga/cansaço
- ☐ Mudança no estilo de vida
- ☐ Atração pelo mesmo sexo
- ☐ Problemas financeiros
- ☐ Comunicação
- ☐ Lascívia/imoralidade
- ☐ Insegurança
- ☐ Confusão
- ☐ Pensamento invasivos
- ☐ Melancolia

Resumo do problema em suas próprias palavras
Descreva que problema o traz aqui.
_____
_____
_____

O que você tem feito quanto ao problema até esta altura?
_____
_____
_____

Quais são as suas expectativas quanto ao aconselhamento?
_____
_____
_____

Há outras informações que deveríamos saber?
_____
_____
_____

APÊNDICE D

MÉTODO SIMPLES PARA TOMAR NOTAS E ORGANIZAR INFORMAÇÕES

Embora muitas circunstâncias exijam que você entre numa situação de aconselhamento sem preparação ou oportunidade para fazer anotações, tomar notas é certamente a prática regular ideal. Tomar notas no aconselhamento é importante por muitas razões. Reduz a confusão entre as múltiplas pessoas que você está aconselhando. Ajuda na retenção de detalhes importantes. Ajuda-o a refletir acerca da pessoa que você está ajudando e a orar a seu respeito. Registra afirmações importantes para análise. Ajuda-o a distinguir aspectos mais importantes de outros menos importantes.

Lembre que algo escrito durante uma situação de aconselhamento pode ser requerido em juízo pela justiça;

portanto, é melhor guardar informação factual e não especulativa. Por exemplo, escrever: "*Relata* pensamentos de suicídio no passado, mas *informa* que não tem nenhum desejo de ferir a si mesmo no presente" é melhor do que escrever "Esta pessoa pensou em suicídio no passado e talvez poderia matar a si mesma".

ESTRUTURA

Organização apropriada o ajuda imensamente quando você revê a sessão para oração e reflexão. À medida que você registra seu próprio sistema, as notas se tornam "invisíveis" no sentido de que o processo de discernir o que escreveu e de tentar recuperar seus pensamentos iniciais se tornará mais rápido e menos laborioso. Aqui estão algumas sugestões práticas:

- Cada caso de aconselhamento deve ter sua própria pasta de arquivo, que deve ser guardada em um lugar seguro e privativo.

- As anotações devem ser espontâneas mas organizadas. Uma estrutura de página é apresentada em seguida. Por favor, lembre que isto é apenas uma sugestão. Cada conselheiro precisa desenvolver seu próprio sistema.

- Você prepara a margem superior e a margem esquerda antes da sessão de aconselhamento. A margem superior é para informação logística, e a margem esquerda é para os temas que você deseja explorar ou para discernimentos bíblicos que pretende compartilhar.

+ Uma sessão de aconselhamento tomará frequentemente direções inesperadas. Por isso, não queira seguir seu plano muito rigidamente. Por outro lado, pode ser um guia proveitoso se a conversa se afastar muito do curso.

Margem superior
Coloque toda informação crucial na linha superior: nome, sessão, número e data.

Margem esquerda
Coloque na margem esquerda os temas a serem explorados ou perguntas que devem ser feitas. Tenha em mente que para qualquer tema você pode explorar como o coração do aconselhado está respondendo a Deus, aos outros, ao ego ou à circunstância.

João e Susana Oliveira Sessão 1 18/5/2016	
Atualização	
1. Conflito relacional: Descreva como você reage ao outro. O que você quer do outro? Por quanto tempo este conflito tem persistido? Você tem conflito semelhante com outras pessoas?	(J) Teve uma semana difícil "Estresse no trabalho sempre piora as coisas no lar." (S) Conflito por 3 anos, desde que assumiu o novo trabalho (J) "Susana não consegue mais me entender. Ela não tenta." Nenhum conflito real com ninguém mais.
2. Temor no trabalho (João): Descreva sua ansiedade no trabalho. Qual é o seu maior temor na vida? Como isto se relaciona com seu conflito no lar?	(J) Maior temor é perder o emprego, acabando na rua. "Ela não sabe o que é isso, a pressão de ser bem-sucedido no mundo." [Temor de fracasso?]
3. Amargura (Susana): Quando começou? O que a causou? O que a faria desaparecer?	(S) João diz isso o tempo todo. Fica bravo quando pergunto sobre o seu dia. "Ele não pode receber críticas de modo algum." (J) "Susana é uma pessoa muito crítica." - a respeito de quem eu sou - a respeito das finanças - a respeito de meu peso
Meditação Bíblica Salmo 27 vv. 1-3, experiência de temor vv. 4-8, buscando refúgio vv. 9-10, segurança no relacionamento com Deus vv. 11-14, a resposta da fé: paciência, confiança, descanso	[Reação manipulativa de Susana para com João?] (S) "Tenho de admitir que estou amargurada." - ele não se importa comigo. - é preocupado consigo mesmo e com seus próprios problemas

Você pode acrescentar pequenos esboços de instrução bíblica. Abra a Bíblia e faça perguntas recomendando ao aconselhado que faça observações acerca do texto.

Você pode anotar também os trabalhos de preparação que pretende recomendar.

Seção principal

A seção principal é o espaço onde você faz anotações durante a sessão de aconselhamento. Você não precisa escrever notas num padrão linear, mas, em vez disso, pode agrupar as ideias à medida que prossegue. Eis um código proveitoso para manter as coisas organizadas enquanto você escreve rapidamente:

(J) e (S) – para distinguir entre os falantes na sessão de aconselhamento de casais. Será útil escrever as iniciais do casal e circulá-las perto da informação que cada um dá.

" " – use as aspas para citações importantes. Tudo mais pode ser escrito como resumos do que os aconselhados dizem.

[ ] – coloque entre colchetes comentários acerca de pensamentos ou *insights* que lhe ocorreram durante a sessão de aconselhamento. Você terá frequentemente palpites que desejará escrever no papel a fim de não se esquecer. Os colchetes asseguram que você saberá que tais palavras refletem seus próprios pensamentos e não as palavras de seus aconselhados.

Processando suas anotações

Terminada a sessão de aconselhamento, ao rever suas anotações, sua tarefa primária é buscar o Senhor, em oração, para obter sabedoria e consideração da Escritura. Você buscará discernimento em relação ao sofrimento e ao pecado que está observando — em resumo, busque saber o que está impedindo os aconselhados de responderem aos outros, a si mesmos e às circunstâncias com um coração de amor e fé no Deus vivo.

Enquanto você faz isso, considere as notas que tem diante de si, procurando reconhecer temas na informação que você escreveu. Uma boa maneira de fazer isto é o método de circular e enumerar.

1. Circule afirmações ou fatos que parecem mais importantes.
2. Considere se eles se enquadram em temas comuns. Você não precisa intitular os temas neste momento, apenas coloque um número em cada um deles.
3. Coloque o mesmo número para todos os itens circulados que são semelhantes.
4. Na parte inferior da página, faça uma lista dos temas quando tiver identificado todos eles.
5. Considere diligentemente que temas bíblicos abordam os temas que você obteve de sua sessão. Sempre ligue discernimento bíblico com o evangelho de Jesus Cristo, mas também pense tão amplamente quanto possível no material bíblico disponível.
6. Transfira estes temas para a margem esquerda de uma nova folha de anotações para a sessão seguinte.

AGRADECIMENTOS

Gratidão deve ser para nós como o ato de respirar. Deus é a fonte de todo bem. E reconhecemos alegremente sua graça para conosco. Esta graça acha sua maior expressão na pessoa e na obra de Jesus Cristo, que nos amou e se deu a si mesmo por nós. Até uma vida toda dedicada a agradecer-lhe é espantosamente insignificante em comparação com tão preciosa dádiva.

Somos agradecidos ao ministério 9 Marcas que nos proveu a plataforma para compartilharmos nosso interesse por ajudar colegas pastores a cuidarem bem de seu povo. Agradecemos aos nossos queridos amigos Ryan, Jonathan, Mark e Bobby. Somos agradecidos aos nossos amigos da Crossway pela mesma razão.

Somos ambos abençoados por servir a igrejas maravilhosas, Clifton Baptist e Captiol Hill Baptist. Cada um de nós trabalha ao lado de uma equipe de homens piedosos, e consideramos isso um dos maiores privilégios da vida. Somos também gratos pelo The Southern Baptist Theological Seminary e seu compromisso com a igreja local.

Dentre as pessoas que merecem agradecimentos, nossas duas Sarahs têm a maior porção. Sra. Pierre e Sra. Reju, sem vocês nossas vidas seriam tragédias cinematográficas. Mas, com vocês, são histórias felizes.

FIEL
MINISTÉRIO

O Ministério Fiel visa apoiar a igreja de Deus, fornecendo conteúdo fiel às Escrituras através de conferências, cursos teológicos, literatura, Ministério Apoie um Pastor e conteúdo online gratuito.

Disponibilizamos em nosso site centenas de recursos, como vídeos de pregações e conferências, artigos, e-books, audiolivros, blog e muito mais. Lá também é possível assinar nosso informativo e se tornar parte da comunidade Fiel, recebendo acesso a esses e outros materiais, além de promoções exclusivas.

Visite nosso site
www.ministeriofiel.com.br

Esta obra foi composta em AJensonPro Regular 11,7, e impressa
na Promove Artes Gráficas sobre o papel Polen 70g/m²,
para Editora Fiel, em Abril de 2025.